自殺危機にある人への初期介入の実際

自殺予防の「ゲートキーパー」のスキルと養成

福島喜代子
Fukushima Kiyoko

明石書店

はじめに

　悲しいことに、日本はとても自殺の多い国です。今日も、一日のうちに、日本のさまざまな地域で、70～80人もの人が自殺によって命を落とされているでしょう。
　1998年以降、年間3万人もの人が自殺をし続けていたにもかかわらず、自殺に対しての取り組みは、これまで限られたものでした。いのちの電話や自殺防止センター等の貴重な民間団体の取り組みと、職務上対応してきた精神保健福祉医療の関係者のみが、真正面から取り組んできた課題といえましょう。2012年にようやく3万人を切ったとはいえ、まだ毎年多くの人が自殺で命を失っていることに変わりはありません。
　2006年に自殺対策基本法が施行され、自殺予防は国をあげて取り組むべき課題であると明記されました。地域で自殺予防に取り組むことが推奨され、各自治体に「自殺対策担当者」が置かれるようになりました。各地で啓蒙のためのポスターが貼られ、リーフレットが配られ、うつ病などを経験された有名人の方の講演会が開催され、「自殺を予防しましょう」と呼びかけがなされるようになりました。それは、私が当初想像した通りの動きでした。しかし、私は「どうやったら自殺を予防できるか」について伝えられる機会がないままに「自殺を予防しましょう」と声をかけられても、地域の人々が困るのではないか、と気になりました。ここでいう地域の人々とは、福祉、保健医療、教育、司法、労働などの相談機関の専門家をはじめ、民生委員・児童委員、保護司や精神保健ボランティアなどを含む、多種多様な人々のことです。
　どのような専門家であっても、自殺の危機にある人が「未来永劫自殺をしないですむ」ように支援することは困難です。しかし、自殺の危機にある人と接したときに、より効果的、適切であるとされる支援方法については一定の理解があります。そのような方法がより多くの人に伝えられるべきではないか、と思いました。

私のアイデンティティはソーシャルワーカー（地域を基盤とする相談援助の専門家）です。ソーシャルワーカーは、人間の福利の増進や、社会の変革等を目指す専門職です。自殺が大きな社会問題となっている今、私は自分の専門性を生かせる範囲で、自分のできることに取り組みたいと考えました。私はソーシャルワーカーであると同時に、対人援助の技法やトレーニングを専門とする研究者であり、教育者です。そこで、自殺危機にある人々に接する機会の多い人々に対して、必要となる知識や技術を伝えられる研修方法（ワークショップ）を開発し、広めようと思いました。
　私がこの取り組みをはじめようと決心したときから大切にしてきたことが2つあります。一つは、私一人でできることは限られているので、同じことに関心を持って取り組む仲間を増やすこと。もう一つは、経験や勘に依拠したものではなく、学術的な根拠に基づいた内容のワークショップを提供する努力をすることでした。
　2007年度から自殺危機初期介入研究会という会を主宰して取り組みはじめ、2009年秋から全国各地に出向いて行ってワークショップの提供をはじめました。そして、開催するごとに、参加される方から評価をいただき、それが私たちのエネルギーとなってきました。不十分なところ、不足するところは改善を重ねてきました。うれしいのは、一度開催された地域で、その後も重ねて開催が企画され、何度も呼んでいただくことが多いということです。先日も、1年ぶりに呼ばれた地域で、ワークショップの参加者が「職場の先輩が1年前にこのワークショップに参加し、その後2人ほど地域の方の自殺を防いだと聞いています。私も同じように知識とスキルを得たくて今回のワークショップに参加しました」と言われました。参加型の密度の濃いワークショップゆえに、1回に20名（最大24名）しか参加できないという制約がありながら、2014年11月末までの4年強で、全国で概ね440回開催され、累計約8,800人の方が私たちのワークショップに参加されました。
　私たちは、「参加型の実践的な研修によってしか身につけられないものがある」という信念から、参加型の少人数を対象としたワークショップを提供しています。できるだけ多くの人にワークショップが提供できる体制を作るために、ワークショップの講師養成もしています。ワークショップに参加経験のある人が講師養成研修に参加すれば、認定講師になれます。認定講師が

2人揃えば、テキストを取り寄せて、DVDの貸出を受ければこのワークショップを開催していただけます。このように、広がりを持つ活動をしようとしてきました。

 今でも、私たちは、私たちのワークショップへの参加を通してしか伝えられないものがあると確信しています。また、すでに参加していただいた、第一線の保健師さんやソーシャルワーカーさんたちが、そのような実感を持ったからこそ、ワークショップの開催は広がりを見せているのではないかと思います。そのため、当初、本の執筆には躊躇がありました。

 しかし、時間的制約のあるワークショップでは伝えきれない、ワークショップの内容の根底にある考え方や根拠を文章化することには意義があると思われました。また、本書の出版を勧めて編集に携わってくださった、明石書店の森本直樹さんに「本を読むことを通して情報を得たい人もいるのではないですか」と言われ、心が動かされました。年間3万人近い自殺者の数を少しでも減らすためには、一人でも多くの人に、自殺危機にある人と接したときに、初期介入として何を、どのようにすればいいかを知ってもらうことに意義があると思うにいたりました。私たちは、地域で自殺の危機にある人たちが、「自殺しかない」と思い込み、追い詰められた状態から、「自殺しなくてもいいかも」「生きる意味があるかも」と思う状態へスイッチする支援ができる仲間を増やしていきたいと考えています。

 本を通して伝えられることは、実践的な研修を通して身につけられることに比較して限界があります。それでも、本書が少しでも、現場で真摯に支援を必要としている人々に向き合われているみなさんのお役に立つことがあれば幸いです。

 2013年5月

福島喜代子

目 次

はじめに 3

第1章 自殺の現状

1. 年間の自殺者数：約3万人……………………………………………13
2. 1日の自殺者数：約76人………………………………………………14
3. 自殺率：人口10万人あたり年間22人………………………………15
4. 自殺率：国際的に非常に高く、米の約2倍、英や伊の約4倍………15
5. 交通事故死者数の約6.3倍……………………………………………16
6. 自殺者は、年齢の高い層に多い………………………………………17
7. 20歳から39歳の若年層では自殺は死因順位の1位…………………17
8. 自殺の道連れ等で亡くなる子ども：毎年30～70人、3年間で約150人…18
9. 自殺は男性の割合が断然高い…………………………………………18
10. 配偶者のいない人の自殺率は高い……………………………………19
11. 自殺をした人の大半は同居者がいた：男性で7割弱、女性で8割弱…20
12. 職業のない人の割合は高い：全体の3分の2…………………………21
13. 背景に「助けて」と言えない社会……………………………………21

第2章 ゲートキーパー養成の必要性

1. ゲートキーパーとは……………………………………………………25
2. 国際連合と自殺予防……………………………………………………26
3. 自殺対策基本法、自殺総合対策大綱…………………………………27
4. ワークショップへの自発的参加者……………………………………28
5. 自殺予防の取り組みの効果……………………………………………29
   (1) スウェーデンの島における、全一般医（GP）を対象とした研修 30
   (2) 米国空軍の、リーダーの役割モデルと地域介入を強調した取り組み 30
   (3) 米国の大学における自殺予防プログラム 33

6. 諸外国の自殺予防研修、ゲートキーパー養成研究……………………34
   (1) ヨーロッパのSTORMプログラムに関する研究　34
       ──保健医療の専門家を対象としたゲートキーパー養成プログラム
   (2) カナダの教育機関におけるゲートキーパー養成　37
   (3) 米国の高等学校におけるSOS（Signes of Suicide）モデル　38
   (4) 米国の中学校・高等学校におけるQPRモデル　39
   (5) 米国の地域のゲートキーパー養成：サマリタンモデル　40
   (6) オーストラリアの少数民族向けの研修　40
7. 日本における取り組み………………………………………………42
8. 研修の必要性…………………………………………………………43
   (1) 研修受講者も現実場面で実践できていない　43
   (2) 専門職対象のゲートキーパー養成研修の必要性　43
   (3) 臨床心理の専門家にも必要　44
   (4) ソーシャルワーカーにも研修は必要　45
   (5) 専門職間にもスキルレベルに差がある　45

第3章　自殺危機初期介入スキル

第1節　初期介入のポイント……………………………………49

1. 自殺に関する考えや信念を確認する………………………………50
   (1) 人はさまざまな価値観や考えを持っている　50
   (2) 自殺についての考えや信念を振り返る　50
   (3) 自殺に関する多くの俗説　50
   (4) 自殺に関する正しい知識を得る　52
   (5) 相手の気持ちや考えをいったん受け止める必要がある　52
   (6) 自分が「正しい」と思っている人は要注意　53
   (7) 自分の考えが正しくても　53
   (8) 常に実践することは簡単ではない　54
2. サインに気づく………………………………………………………54
   (1) サインはわかりやすいものばかりではない　54
   (2) 半数強の人は前の月に病院・クリニックを受診　55
   (3) うつ病の判断　56
   (4) 気づいた人が声かけをしないとわからない　56
   (5) さまざまなきっかけや理由があることを認識する　58
3. 信頼関係を構築する…………………………………………………60
   (1) 自殺危機にある人の特徴の理解　60

(2) 信頼関係の構築の大切さ　62
　　　(3) 傾聴だけでは十分ではない　67
　4. 置かれている状況を把握する……………………………………68
　　　(1) 置かれている状況を把握する　68
　　　(2) きっかけや理由の把握　68
　　　(3) 現在の状況の把握　69
　　　(4) 問題や課題を立体的に把握する　70
　　　(5) 状況の把握をして、「心配だな」と感じたら　70
　5. 自殺の危険性を測る………………………………………………71
　　　(1) 自殺のリスクアセスメントの大切さ　71
　　　(2) 4人に一人（23.4%）は自殺したいと思ったことがあり、
　　　　　20人に一人は1年以内に自殺したいと思ったことがある　71
　　　(3) 自殺予防相談の専門研修を受けていても自殺のリスクアセスメントが
　　　　　実施できていないことがある　72
　　　(4) 自殺を話題にしても自殺を助長することはない　73
　　　(5) 自殺を話題にすることにより自殺の衝動性は一時的に下がる　73
　　　(6) 自殺のリスクを測る　74
　　　(7) 専門家につなげ、ゆだねることを視野に入れながら行う　79
　　　(8) ゲートキーパーや関わる者たちで可能な支援も行う　79
　6. 安全確保・支える仲間へつなぐ…………………………………80
　　　(1) 自殺のリスク評価の指標　80
　　　(2) 自殺の危険度に応じた対応（行動）　82
　　　(3) 安全確保　84
　　　(4) 生きる理由を共に探る　88
　　　(5) 支える仲間へつなげる　89
　7. フォローアップ……………………………………………………96
　　　(1) フォローアップ　96
　　　(2) フォローアップの約束は具体的な日時で　96
　　　(3) 「その後のことまで私が気にかけている」というメッセージが
　　　　　相手に伝わることが大切　97
　　　(4) 連絡方法をできるだけ2種類聞く　97
　　　(5) 再度の接触時に、事態の進展があったかどうかを確認する　97

第2節　コミュニティで取り組むこと…………………………………100
　1. 多層レベルへの介入………………………………………………100
　2. 多量飲酒を抑制する………………………………………………100
　3. マスコミ報道の適正化……………………………………………101

4. コミュニティづくりと活動……………………………………………101
5. 「つなげる」実践と「面で支えていく」体制づくり……………………103
6. 精神医療サービスの利用……………………………………………103
　（1）ご本人やご家族の抵抗　104
　（2）アクセス　104
　（3）精神医療サービスの継続利用　105

第4章　自殺危機初期介入の実際

1. 信頼関係の構築……………………………………………………108
　（1）傾聴　108
　（2）質問の仕方　109
　（3）応答の仕方　112
2. 置かれている状況の確認…………………………………………124
　（1）置かれている状況の確認では、多面性と時間軸を意識する　124
　（2）きっかけとなったできごとの確認　124
　（3）現在の生活状況や抱えている課題の実状の把握　128
　（4）立体的に把握する　132
3. 危険性を測る………………………………………………………133
　（1）自殺の意図を確認する質問　133
　（2）ポイント　134
　（3）自殺の計画　136
4. 安全確保・支える仲間へつなげる………………………………140
　（1）安全確保　140
　（2）支える仲間へつなげる　142
5. フォローアップ……………………………………………………148

第5章　ワークショップ開発と講師養成の経緯

1. ワークショップ開発の背景………………………………………153
2. ワークショップ開発の方法………………………………………155
3. 自殺危機初期介入スキル研究会…………………………………155
　（1）研究会の目的　155
　（2）研究会の開催　155
　（3）交流会の開催　156

(4) 専用Webサイトの立ち上げ　156
4. 文献研究（国外、国内文献を調査）……………………………………157
5. 試行的ワークショップの実施……………………………………………157
6. ワークショップ参加者用テキストの開発………………………………158
　　　(1) 読みやすいテキストとする　158
　　　(2) 書き込み式のページを多くする　158
　　　(3) 図表を多く用いる　158
　　　(4) 具体例を多く用いる　160
　　　(5) 色を有効に使うこと　160
　　　(6) 保存用として扱われるものとすること　160
7. 視覚教材の開発……………………………………………………………161
　　　(1) 事例を出す　161
　　　(2) 専門職でロールプレイ、逐語記録化　161
　　　(3) シナリオづくり、演技依頼、撮影・編集　161
8. 講師養成の背景……………………………………………………………162
9. 講師用テキストの開発……………………………………………………162
　　　(1) ワークショップで生じる事態への対処法　162
　　　(2) ワークショップの進行　164
　　　(3) 事例の背景　164
　　　(4) 補足説明　164
10. 講師養成の研修会…………………………………………………………164
11. 各地への広がり……………………………………………………………165

第6章　自殺危機初期介入スキルワークショップの構造と内容

1. ワークショップの特徴……………………………………………………167
　　　(1) 基礎知識を得る　167
　　　(2) 初期介入に必要な知識を得る　167
　　　(3) 初期介入に必要なスキルを身につける　167
　　　(4) 初期介入を一連の流れで理解する　168
　　　(5) 参加者の安全の保証　168
　　　(6) 「できるかもしれない」という感覚を身につけてもらう　168
2. ワークショップの構造……………………………………………………169
　　　(1) 時間数　169
　　　(2) 日数　170

    (3) 参加者の定員 170
    (4) 講師 171
    (5) 会場と設備・備品 172
    (6) 多様な参加者 172
 3. ワークショップの構成……………………………………………173
    (1) 導入 173
    (2) 自殺に関するさまざまな考え、信念 174
    (3) サインに気づく 174
    (4) 理解を深め、生きる理由を探る 174
    (5) 危険性をはかる 174
    (6) 安全確保、支える仲間へつなげる、フォローアップ 175
    (7) ふりかえり 175
 4. ワークショップの提供方法………………………………………175
    (1) 自記式の質問紙調査法 175
    (2) 事例に基づく討議 176
    (3) グループ演習 177
    (4) 事例の紹介 178
    (5) ロールプレイ 179
 5. ワークショップ参加で思い起こされること……………………183
    (1) 参加者への影響 183
    (2) 過去の経験 183
    (3) 対照的な反応 184
    (4) ふりかえりの重要性 185
    (5) セルフケアの重要性 186
 6. ワークショップ参加後に残念な結果が生じたら………………186

第7章　ワークショップ講師　　　　　岡田澄恵

1. 講師とグループワーク経験……………………………………………189
2. ロールプレイとは………………………………………………………190
3. 自殺危機にある人のロールプレイの負担……………………………191
4. 参加者と講師の位置関係………………………………………………191
5. ロールプレイをうまく進めるには……………………………………192
   (1) 自己開示しやすい構造を作る 192
   (2) 午前のセッションの活性化がロールプレイをしやすくする 192
   (3) 参加者に聞こえる音量と明瞭な言葉 193

(4) ロールプレイをする人をはっきりさせる　193
　　(5) ロールプレイは順番に　194
　　(6) 参加者のロールプレイに完璧を求めない　194
　　(7) 困難事例のロールをとらない　194
　　(8) 思いがけない方向に流れそうになった時　195
　　(9) 黙ったままでロールが取れない参加者　195
　　(10) 飲み物、茶菓子の準備　196
6. 役割解除……………………………………………………196

第8章　ワークショップの効果検討　　小高真美

1. はじめに……………………………………………………199
2. 方法…………………………………………………………200
　　(1) 対象者　200
　　(2) 調査の実施方法　201
　　(3) 効果測定のための調査内容　202
　　(4) 倫理的配慮　203
　　(5) データの分析方法　204
3. 結果…………………………………………………………204
　　(1) 自己効力感の変化　204
　　(2) 自殺に対する態度の変化　204
　　(3) ワークショップ参加者の感想・意見　207
4. 考察…………………………………………………………210
　　(1) ワークショップの独自性　210
　　(2) 知識・技術が不十分な状態でのハイリスク者への対応　210
　　(3) ワークショップ参加による自己効力感の改善　211
　　(4) ワークショップ参加による態度の改善　211
　　(5) ワークショップ参加後の感想・意見　213
　　(6) 調査の課題　214
　　(7) 終わりに　214

おわりに　219

第1章

自殺の現状

○○○○○

　日本の自殺の現状について、より多くの人に知ってもらうことが必要であると考えています。多くの人が、自殺の多さを知り、社会的な課題であると認識し、「何とかしなければ」と思うことが必要だと思うからです。ここでは、いくつかの統計数値をもとに、自殺の現状を整理していきたいと思います。

1. 年間の自殺者数：約3万人

　日本の年間の自殺者数は、1983（昭和58）年及び1986（昭和61）年に2万5,000人を超えたことはあるものの、1997（平成9）年までは概ね2万5,000人未満でした。それが、1998（平成10）年に一挙に3万人を超えてしまいました。1997年から1998年の1年で、自殺者数が8,400人以上、割合にして34.7％も増加したのです。そして、その後、年間の自殺者数は、3万人以上に高止まりし続けてきていました。

　2011（平成23）年の自殺者数は、警察庁の統計によると30,651人でした。東日本を襲った未曾有の大震災の後、自殺者は一時的には減少すると予想されており、前年度と比較して減少（3.3％）しました。そして2012（平成24）年には16年ぶりに3万人を切り、27,858人となりました（内閣府・警察庁, 2013）。それでも依然、高い水準です。毎年3万人前後の人が自殺により命を落としてきたため、2000年以降の13年間で実に約40万人以上もの命が自殺によって失われました。これは、東京都の品川区の人口を超える数字です。この13年間で、東京の特別区一つ分の人口が自殺によってまるまる失われたことになるのです。

図1-1 自殺者数の推移

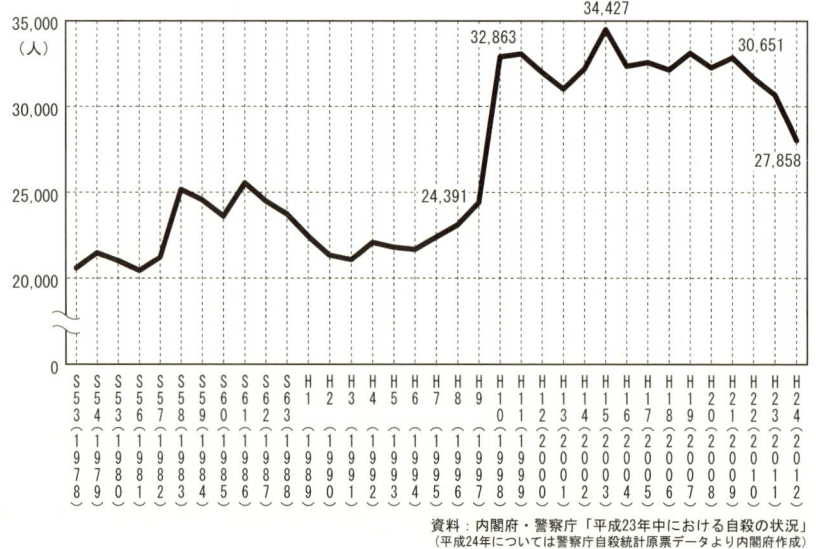

資料：内閣府・警察庁「平成23年中における自殺の状況」
（平成24年については警察庁自殺統計原票データより内閣府作成）

2. 1日の自殺者数：約76人

　日本における1日あたりの自殺者数は約76人です。これは2012年の自殺者数（27,858人）を365日で単純に割り返した数字です。2011年までは、この数字は1日80人を超えていました。今、本書を読んでくださっている時間から、ちょうど24時間後、明日の同じ時間までの間に、日本全国で約80人の方が自殺により命を失うのです。

　一般の人が日常生活で自殺について触れるのは、マスコミ報道などによるものに限られるでしょう。マスコミ報道で取り上げられるのは、全体のほんの一部です。実際には、私たちの目に触れるよりはるかに多くの方が自殺により命を失っています。

　少し突飛な比較に思われるかもしれませんが、小学校のクラスと比較して想像してみていただきたいと思います。小学校の1学級あたりの児童数は平均25.2人です（文部科学省, 2012）。単純計算をすると、毎日、平均的な規模の小学校のクラスの約3クラス分にあたる人数が自殺により亡くなっています。

3. 自殺率：人口10万人あたり年間22人

　自殺の多さは自殺率でも表されます。自殺率は、人口10万人あたりの年間の自殺者数で表されます。

　日本の2011（平成23）年の自殺率は、人口10万人あたり23.9人でした。2012（平成24）年の自殺率はもう少し下がり、21.8人となりましたが、依然高い水準です（内閣府・警察庁, 2013）。

　この値は、地域ごとの自殺率の高さ（低さ）を知るときの目安になります。全国平均で10万人あたり22人なのですから、人口約5万人の市で、平均と同じ自殺率であれば、11人です。人口5万人の市で年間自殺者が22人いたとすると、自殺率は、全国平均の約2倍であるということになります。一方、人口100万人の県で、年間の自殺者数が220人であれば、平均的な自殺者数です。それ以上自殺者数が多ければ、その県の自殺率が全国平均より高く、少なければ、その県の自殺率は全国平均より低いことになります。人口10万人の自治体では、平均的に1年間で22人、この10年で220人の方が自殺により命を失っていることになります。

　2012（平成24）年に自殺率が高かった県（自殺率が27.0以上）は山梨県、新潟県、秋田県、高知県、宮崎県でした。自殺率が低かった県（自殺率が19.0未満）は京都府、香川県、神奈川県、奈良県でした（内閣府・警察庁, 2013）。なお、この警察庁の都道府県ごとの統計は、自殺の発生地における計上で、自殺者の居住地とは一致しないという特徴があります。富士山の樹海を抱える山梨県などは、その影響もあって、自殺率が高めに出る傾向にあるようです。最も人口を多く抱える東京都は自殺率は低いほうですが、毎年3,000人前後の人が自殺により亡くなります（内閣府・警察庁, 2013）。

4. 自殺率：国際的に非常に高く、米の約2倍、英や伊の約4倍

　日本の自殺率は、国際的に非常に高いです。WHO（世界保健機関）資料に基づき内閣府が行った国際比較では、世界で8番目でした。日本より自殺率の高い国は、リトアニア、韓国、ロシア、ベラルーシ、ガイアナ、カザフスタン、ハンガリーなど東欧諸国を中心とした国々でした（内閣府, 2012）。

したがって日本の自殺率は、先進7か国の中では最も高いです。先進国の自殺率は、フランス16.3（2007年）、ドイツ11.9（2006年）、カナダ11.3（2004年）、アメリカ11.0（2005年）、イギリス6.9（2009年）、イタリア6.3（2007年）です。このことから、日本の自殺率は、アメリカ合衆国の約2倍、イギリスやイタリアの約4倍にのぼるということがわかります。先進国の中で、これだけ突出して自殺率が高いということを、どのようにとらえればいいでしょうか。やはり、何か社会で取り組む必要があるのではないでしょうか（内閣府, 2012）。

図1-2　諸外国の自殺死亡率

順位	国	年	自殺死亡率
1	リトアニア	(2009)	34.1
2	韓国	(2009)	31.0
3	ロシア	(2006)	30.1
4	ベラルーシ	(2007)	27.4
4	ガイアナ	(2006)	26.4
5	カザフスタン	(2008)	25.6
6	ハンガリー	(2009)	24.6
8	日本	(2009)	24.4
9	ラトビア	(2009)	22.9
10	スロベニア	(2009)	21.9
11	ウクライナ	(2009)	21.2
12	ベルギー	(2005)	19.4
13	フィンランド	(2009)	19.3
14	セルビア	(2009)	18.8
15	エストニア	(2008)	18.1
16	スイス	(2007)	18.0
17	クロアチア	(2009)	17.8
18	モルドバ	(2008)	17.4
19	フランス	(2007)	16.3
20	ウルグアイ	(2004)	15.8

資料：世界保健機関資料より内閣府作成

5. 交通事故死者数の約6.3倍

交通事故死者数は、長年の政策的取り組みの甲斐あって、年々減少してきました。2009年、実に57年ぶりに年間交通事故死者数が5,000人を割り、2012年は4,411人でした。国の施策効果が現れ着実に減少してきています（警察庁, 2013）。

一方、自殺についても政策的な取り組みはなされているにもかかわらず、自殺者数は目立って減少しているとは言えません。そのため、単純計算で、

自殺者数は、交通事故死者数の約6.3倍にものぼっています。今後、自殺者数も、政策効果が現れて、交通事故死者数のように減少していってほしいと思います。

6. 自殺者は、年齢の高い層に多い

　自殺者の数を、年齢別にみると、60歳代が最も多く全体の17.9%を占め、次いで50歳代（16.8%）、40歳代（16.6%）、30歳代（13.6%）と続きます。70歳代が13.1%、80歳以上の人が8.7%と、高齢者がかなりの割合を占めるのも特徴となっています（内閣府・警察庁, 2013）。

　日本は超高齢社会になろうとしています。今後、高齢者は、数・割合ともにさらに増えます。そのため、多少、全体の自殺率が下がったとしても、高齢の自殺者数は増えていってしまう危険性があります。「もう高齢なのだから自殺なんかしないだろう」、という考えは誤りです。そのため、高齢者の福祉保健医療サービスに関わる人たちも、その可能性がある、ということを前提に、見守り、支援をしていく必要があります。

7. 20歳から39歳の若年層では自殺は死因順位の1位

　日本人の死因順位で、自殺はガン（悪性新生物）、心疾患、肺炎、脳血管疾患、老衰、不慮の事故に続き第7位です（厚生労働省, 2012b）。

　しかし、20歳から39歳までの若年層では、自殺は死因順位の1位です。2011（平成23）年の厚生労働省の人口動態統計によると、この層において、1年間で7,297人もの命が自殺により失われました。この他、10歳から14歳までで74人、14歳から19歳までで509人の命が自殺で失われています（厚生労働省, 2012b）。

　このように比較的若い人が亡くなったとき、その一番の原因は自殺である可能性が高いです。

8. 自殺の道連れ等で亡くなる子ども：
　　毎年30〜70人、3年間で約150人

　自殺と児童虐待が関係あることはご存じでしょうか。実は、大きく関連しています。日本では、児童虐待により、毎年度30〜70人の子どもたちが命を落としています。そして、「児童虐待」という言葉のイメージにあてはまらないかもしれませんが、虐待により命を落とす子どもの約半数は、親などの近親者の自殺（あるいは自殺未遂）に巻き込まれての死亡です。

　2010（平成22）年4月から2011（平成23）年3月までの1年間で、98人の子どもが親などの近親者の手により命を落としています。そのうち、親などの近親者の自殺（自殺未遂も含む）に巻き込まれて命を落とした子どもは47人でした（厚生労働省, 2012a）。2008年4月以降の3年間で147人もの子どもが親などの近親者の自殺に巻き込まれて命を落としています。これらの自殺の道連れ事例は「心中」によるものと別分類されています（厚生労働省, 2010；厚生労働省, 2011；厚生労働省, 2012a）。

　子どもは大人の保護を必要としています。しかし、子どもは親を選べません。子どもを保護する立場の親が身体的・心理的・社会的に追い込まれているとき、子どもは子どもなりに懸命に親を支えようとします。もし、親が自殺に追い込まれる状況になかったら、もし、親が自殺以外の手段を選べたら、この子どもたちは命を落とさずにすんだと思うととても悲しくなります。

　親が追い込まれた気持ちになり、他に手段を見いだせないように感じたとき、親が子どもを自分の自殺の巻き添えにしてしまうことを「心中」という言葉で美化してはいけないと思います。子どもからすると、これから先の長い人生で、さまざまな経験をすることができたはずなのに、あるとき、他人の手により命を断たれたという事実に変わりはありません。このような悲しい経験をする子どもの数を一人でも減らすためにも、自殺そのものを予防していく必要があると思うのです。

9. 自殺は男性の割合が断然高い

　自殺者の性別では、男性の割合が断然高いです。男性は、全体の約7割を

占めています。中でも、中高年の男性の割合が突出しています（内閣府・警察庁, 2013）。女性よりも男性の自殺者の割合が高いことは、国際的にも一般的な傾向です。そして男性、特に中高年男性の特徴は自ら助けを求めない点です。国際的にも男性は自ら助けを求めない傾向があるとされ、どのようにすればいいのか、試行錯誤が続いています。男性の自殺予防について、「このようにすればいい」という単純な対応策は見つかっていません。

　自殺への総合的な取り組みとして、日本では静岡県富士市で展開された重層的な取り組みである「富士モデル」が大きく評価されています。富士モデルの象徴は、「パパ眠れてる？」と女子生徒（中高生）がパパに声をかけるイラストが描かれた自殺予防のポスターです（松本, 2011）。このポスターは、①対象を最も自殺の実数の多い中高年男性に絞って焦点化していること、②自殺と関連の深い「不眠」に焦点を当てていること、③周囲の人の象徴として、イメージしやすい「娘」をあげていること、④娘など周囲の人が「気にかける」ことを言動として表わすことを奨励していること、そして、⑤「眠れてる？」と声をかけやすいフレーズを具体的に例示していること、などが優れています。このポスターの構図は、他の都道府県にも用いられることが奨励され、取り入れられています。このような取り組みも意義あることです。

10. 配偶者のいない人の自殺率は高い

　自殺者の中で、男性の割合が高いことは前項で説明しました。自殺率も、男性のほうが高いです。女性の自殺率が14.9であるのに対して、男性の自殺率は39.6と高くなります。配偶者の有無でみると、配偶者のいる人と比べて配偶者のいない人の自殺率は高くなる傾向にあります（内閣府, 2012）。

　女性で配偶者のいる人の自殺率は11.4です。そして配偶者がいない人を3つの類型に分けて分析されており、未婚の女性で自殺率は14.8、死別を経験されて22.8、離別で34.8です。死別された女性の自殺率が最も高い年齢層は30歳代でした（67.2）。離別された女性の自殺率が最も高い年齢層は20歳代でした（54.4）。

　男性も、配偶者がいると自殺率は28.5にとどまります。配偶者のいない人

の自殺率は、未婚の男性で43.6、死別された男性で76.3であるのに対して、離別された男性では163.1とはねあがります。死別された男性の自殺率が最も高い年齢層は30歳代でした（199.2）。離別された男性の自殺率が最も高い年齢層は50歳代でした（184.0）。

男性と女性を比べると、男性の自殺率が高く、中でも死別や離別を経験した男性の自殺率が高いことがわかります。配偶関係を失った人を気をかける社会を作っていくことが必要です。また、そのような経験をした人がサポートを得られる場づくりが必要とされています（内閣府, 2012）。

11. 自殺をした人の大半は同居者がいた：
　　男性で7割弱、女性で8割弱

前項でも触れましたように、自殺率は、一人暮らしであったり、離別や死別の経験をしていたりすると、高くなると言われています。しかし、自殺者全体でみると、同居者のいた人の割合が断然高いです（内閣府, 2012）。

女性では、全体で76.6%に同居者がいる状態でした。19歳以下の場合では、90.2%に同居者がいました。同居者のいた割合が最も高いのは50歳代の女性で82.2%でしたが、その他の年齢層も、70%以上の同居率であり、80歳以上の女性でも、72.1%に同居者がいました（内閣府, 2012）。

男性では、全体で67.3%に同居者がいる状態でした。19歳以下の場合では、87.3%に同居者がいました。同居者のいた割合は、20歳代から60歳代まで64%～67%の間であり、70歳代で74.6%、80歳以上の年齢層で79.7%の人に同居者がいました（内閣府, 2012）。

このように、自殺された人の大半には同居者がいたことから、同居者がいるというだけでは、自殺は防ぎきれないことがわかります。また、自殺された人の中には、家族などの身近な人には決してサインを示さなかったのではないか、と思われる人もいます。そのような人も、家族以外の人には何らかのサインを示していたことが後から報告されることもあります。このようなことから、地域の中で、自殺のサインに気づこうという人が多くいることが必要なように思われます。

12. 職業のない人の割合は高い：全体の３分の２

　自殺者を、職業の有無でみた場合、職業のある人よりは、職業のない人の割合が高いです。無職者（学生・生徒等を含まない）は自殺者全体の59.8%（16,651人）を占めていました。無職者の内訳では、「年金・雇用保険等生活者」が自殺者全体の22.4%（6,235人）、「失業者」は5.0%（1,404人）でした。「主婦」も一定の割合を占めており、7.1%（1,968人）です。また、学生・生徒等は自殺者全体の3.5%（971人）を占めていました。学生・生徒の割合は増加傾向にあります。

　一方、職業のある人では、被雇用者・勤め人が全体の26.6%（7,421人）であり、自営業・家族従事者は8.3%（2,299人）となっていました。毎年約１万人の有職者が自殺によって命を失っており、職場や仕事を通して関わっていた人たちの受ける衝撃も大きいものと思われます。

　自殺の実数を減らしていくためには、「男社会」の中で、自殺の問題について関心を持ち、何とかしようと思う人を増やしていくこと、また、地域の中で一人暮らしの男性なども含めて「気にかける」社会づくりが必要なのだと考えています。

13. 背景に「助けて」と言えない社会

　日本は、高度経済成長が終焉し、経済的に安定しない状況で生活している人々が多くいます。一方、少子高齢社会となり、一世帯あたりの人数が少なくなっています。家族や親族がお互いに支え合う機能は弱くなりました。国勢調査によると、1世帯あたりの平均人数は2.42人でした。1世帯あたりの平均人数は最も少ない東京で2.03人で、次いで北海道（2.21人）、鹿児島（2.27人）、大阪（2.28人）でした（総務省，2011）。

　そのような中、客観的に「困っている」状態にあり、人に助けを求めたほうが良さそうな人々が、自分からは「助けて」と言わない、あるいは言いにくい社会になっているのではないでしょうか。

　例えば、NHKクローズアップ現代取材班がまとめた『助けてと言えない

――いま30代に何が』（文藝春秋，2010）は、北九州放送局と福岡放送局のディレクターたちの取材をまとめたものです。厳しい、あるいは、希望が見えにくい状態で生活している30代の若者たちの様子が収められています。考えさせられるのは、客観的には追い詰められている状態にありながら、自分で自分に言い聞かせる「自己責任」の言葉のもと、頑なに「助けて」と言わない選択をし続ける若者たちの様子がリアルに浮き彫りにされていることです。

また、NHK「無縁社会プロジェクト」取材班がまとめた『無縁社会――"無縁死三万二千人の衝撃"』（文藝春秋，2010）には、年齢に限らず、人とのつながりを欠いてしまっている人たちが多くいることが明らかにされています。こちらには、中高年でひっそりと亡くなっていった人の様子なども収められています。誰ともつながりを欠いたまま亡くなっていく人が多くいる社会。その様子が浮かび上がってきます。

私は、2009年から2010年にかけて、とある養護老人ホームに20数日間通い、そこで生活する人たちからお話をうかがう機会を得ました。養護老人ホームとは、老人福祉法第20条の4に規定された老人福祉施設です。原則として身体上・精神上又は環境上の理由と経済的な理由を抱えた、日常生活動作が自立している高齢者が入所する施設です。全国に900箇所以上あり、14万人の人々が生活していますが、特別養護老人ホーム（介護老人福祉施設）と異なり、あまりよく知られていない施設だと思います。

入所者お一人お一人からじっくりお話をうかがうと、ほとんどの人が若いときから懸命に働いてきていました。中には、日本の名だたる企業で働いていた人もいました。また、日本の有名な建造物の現場で働いたことを誇らしげに教えてくれる人もいました。多くの人は、ギリギリまで働く意欲を持っていたのにもかかわらず、高齢が理由で仕事が得られなくなり、ホームレス経験をされていました。私がお話をうかがった数十人の中に、怠けて仕事を得ようとしなかったのではないか、と思われるような人はいませんでした。年金の支払い手続きが不十分なために、十分な年金が得られない人は多くいましたが、働けるにもかかわらず無職で過ごしてきたような人はいませんでした。

一部の人は生涯未婚の方たちでした。一方、既婚の人は、たいていの場合、

何らかの事情で家族・親族との葛藤状況が生じるなどして、関係が途絶えているか、連絡がとれたとしても、その関係は非常に薄いものでした。家族・親族との葛藤の多くは、自分自身の問題というよりも、会社の倒産、友人の借金の肩代わりなど、経済的な打撃のある出来事がきっかけで生じていました。その結果、関係が途絶えた後は、こちらの連絡先を知らせてあっても法事に呼ばれない、電話をかけても切られてしまうような体験を多くがされていました。戸籍が抹消されていた人もいました。そのような状態にありながら、多くの人が故郷のことを語り、故郷の親族のことを話してくれました。この方たちの場合、今は養護老人ホームで、衣食住不自由ない生活を送られています。そのことが、お話をうかがっている私には救いでした。

　一番困窮していた時、ほとんどの人が自分から「助けて」とは言わなかった様子が窺えました。仕事が見つからず路上生活、あるいはそれに近い状態を続けていて、体の不調などから、保護されることになり、最終的に養護老人ホームにたどりついたような人が多かったのです。中には、追い詰められて、自殺未遂をした体験を語ってくれた人もいました。

　私たちの社会は、割と簡単に、人とのつながりを失ってしまう社会になっているのではないでしょうか。そして、人とのつながりを失ってしまったとき、「助けて」と言えない人が多くいるのではないでしょうか。このような社会では、意識的に、「つながりの再構築」をしていく必要があるのではないでしょうか。私たちのワークショップでは、そのような社会的背景の理解を大切にしています。

【参考・引用文献】
　警察庁（2013）「平成24年中の交通事故死者数について」
　厚生労働省（2010）「子ども虐待による死亡事例等の検証結果等について（第6次報告）」
　厚生労働省（2011）「子ども虐待による死亡事例等の検証結果等について（第7次報告）」
　厚生労働省（2012a）「子ども虐待による死亡事例等の検証結果等について（第8次報告）」
　厚生労働省（2012b）「平成23年　人口動態統計」
　松本晃明（2011）『うつ自殺を止める――〈睡眠〉からのアプローチ』ちくま新書
　文部科学省（2012）「平成22年度　学校基本調査」
　内閣府（2012）『平成24年版　自殺対策白書』
　内閣府・警察庁（2013）「平成24年中における自殺の状況」
　NHKクローズアップ現代取材班編著（2010）『助けてと言えない――いま30代に内が』文藝春秋
　NHK「無縁社会プロジェクト」取材班編著（2010）『無縁社会――"無縁死三万二千人の衝撃"』文藝

春秋
総務省(2011)「平成22年　国勢調査」

第2章

ゲートキーパー養成の必要性

○○○○○

1. ゲートキーパーとは

　自殺予防のゲートキーパーとは、地域で自殺の危機にある人への初期介入を行い、自殺を未然に防ぐ人のことです。そこで、自殺の危機にある人と接する機会の多い人が、地域でゲートキーパーの役割を果たすことが期待されています。

　ゲートキーパーの養成は、1960年代後半に米国フィラデルフィア州でなされたのが最初だとされ、文献では、1971年にシュナイダー医師が"Bulletin of Suicidology"の中で報告したものが最初とされています。また、1980年代はじめには、カナダで任意の民間団体とアルバータ州の委員会が協働でゲートキーパー養成プログラムを開発しました。このカナダで開発された養成プログラムを国内外に広く普及しているLivingWorksの他、Question Persuade and Respond、Yellow Ribbon International for Suicide Preventionなどの団体による養成プログラムが、講師を養成するプログラムと共に、欧米では、現在、商業ベースで利用可能となっています（Isaac et al., 2009）。

　このように、ゲートキーパーの養成は国際的に広く行われています。日本でも、2006年の自殺対策基本法の制定以来、ゲートキーパーの養成は自殺対策の大切な要素として位置づけられてきました。2011年末にはゲートキーパーをGKBと表記した内閣府のポスター広告の仕方が国会やマスコミで批判的に取り上げられたこともありました。私たちはポスター作成に一切関わっていませんが、一連の騒動の後、ゲートキーパーという言葉の認知度があがり、私たちの研究会への問い合わせもより幅広い層から寄せられるようになったことを感じています。

2. 国際連合と自殺予防

　国際連合では、1996年に「国連自殺予防ガイドライン」が承認され、その後、『Prevention of Suicide : Guidelines for the Formulation and Implementation of National Strategies（自殺予防：国家戦略の策定と実施のガイドライン）』を出版しました。ガイドラインでは、自殺予防のためにさまざまなレベルへの介入の必要性が指摘されました。国レベルにおける法律の制定や施策の推進、マスコミへの対応、地域レベルにおける住民への啓発活動、自殺の危険性の高い人々に対しての支援、自殺未遂者に対する直接的な支援等の取り組みを行うこと等が指摘されました。その中で「ゲートキーパーのための訓練プログラムを作る」も、取り組むべき活動項目の5番目に示されています（United Nations, 1996）。

　このガイドラインに基づいてフィンランドが取り組み、自殺減少の実績をあげました。すでに25の国や地域で取り組まれてきています。

　その後、国際連合は2012年に『Public Health Action for the Prevention of Suicide（自殺予防のための公衆衛生活動）』をとりまとめ、発表しました。国レベルで自殺予防の戦略的な取り組みの開発をするために、①関連する機関・団体、人を明らかにすること、②自殺に関する状況分析をすすめること、③必要な、そして、利用可能な社会資源を明らかにすること、④政治的なコミットメント（責任）を得ること、⑤スティグマ（偏見）への対処、⑥啓発活動をすること、などを段階的にすすめるアプローチを提唱しています。

　国際連合は、国をあげての自殺予防の戦略的取り組みに必要な要素として、①政策等の目標の明確化、②危険因子と保護因子の明確化、③効果的な介入方法の導入、④一般人口を対象とした自殺予防の取り組み（自殺手段への容易な接近の制限、多量飲酒等を控えることを自殺予防活動の一環で呼びかけること、メディアの適切な報道支援）、⑤自殺の危険性の高い人々を対象とした自殺予防の取り組み（ゲートキーパー養成、地域をあげての取り組み強化、遺族をはじめとするサバイバーへのケア）、⑥個人レベルの自殺予防の取り組み（精神疾患を有する人、自殺未遂者へのケア）、⑦正確な統計と調査研究、⑧モニターと評価をすることをあげています。

　このように、ゲートキーパー養成は、必要とされる主要な要素の1つにあ

げられています。国際連合では、「ゲートキーパーは、地域の人々と継続的に関わる人で、多くの場合（絶対要件ではないが）、専門職としての立場で関わる人のことを言う」としています。ゲートキーパー養成は、継続的に、持続的に実施するべきであり、実施をモニターおよび評価し続けるべきであること、専門職養成のカリキュラムにゲートキーパー養成を組み入れるのが理想であること、ゲートキーパー養成を自殺予防に関するさまざまなサービスの開発や質の向上と同時に協働的に行っていくべきであることが指摘されています（United Nations, 2012）。

表2-1　主要なゲートキーパー（国際連合, 2012の表をもとに福島訳）

- プライマリー・ヘルスケア従事者（地域の保健医療機関従事者）
- 精神保健福祉医療サービス従事者
- 救急救命サービス従事者
- 教師及び教育機関職員
- コミュニティのリーダー
- 警察官や警察関係機関従事者
- 軍従事者
- 社会福祉サービス従事者
- 宗教関係リーダー
- 伝統的な治癒サービス従事者

3. 自殺対策基本法、自殺総合対策大綱

　先に触れましたが、日本でも、2006（平成18）年に自殺対策基本法が策定され、2007（平成19）年には「自殺総合対策大綱」が閣議決定されました。政府は2016（平成28）年までに2002（平成17）年の自殺死亡率を20％以上減少させることを目標に掲げています。自殺率は人口によって変動しますが、目標達成には自殺者数が2万5,000人を下回ることが必要と予測されます。自殺総合対策大綱では、第3の項目として「早期対応の中心的役割を果たす人材（ゲートキーパー）の養成」があげられました。この自殺総合対策大綱では、「早期対応の中心的役割を果たす人材（ゲートキーパー）」として、①か

かりつけ医師等、②教職員、③地域保健スタッフや産業保健スタッフ、④介護支援専門員等、⑤民生委員・児童委員等、⑥社会的要因に関連する相談員、が具体的な対象として掲げられました。

このように、国も、医師・保健スタッフなどの医療保健の専門職のみならず、教職員などの教育現場の者や、介護支援専門員、民生委員・児童委員、「社会的要因に関連する相談員」など、地域福祉の中心的役割を果たしている人材をもゲートキーパーとして想定しています。

なお、自殺総合対策大綱は2012年秋に改正されましたが、「早期対応の中心的役割を果たす人材（ゲートキーパー）の養成」の項目はそのまま残されました。引き続き必要な取り組みの1つとして位置づけられています。

4. ワークショップへの自発的参加者

著者の本務校（ルーテル学院大学）で提供している自殺危機初期介入スキルワークショップは、誰にでも開かれています。一方、地方で講師として招聘されて開催されたワークショップは、地元の自殺対策担当の方が開催案内の配布先を工夫して、参加者募集をしています。いずれも、参加が強制的であることはほとんどありません。

このような中、これまで、さまざまな立場の人たちがワークショップに自発的に参加されています。参加者は、自分に「自殺の危機にある人と接する機会があった」あるいは、「今後、そのような機会があるかもしれない」と自覚しておられる人です。多くの人々が、知識とスキルを求めて、私たちのワークショップに参加されています。

これまで参加された方たちの主な資格や立場を次ページの表にまとめました。

このように、多岐にわたる立場の、さまざまな資格を有する人々が、自殺危機にある人への初期介入の知識とスキルを求めて参加されています。

表2-2 ワークショップ参加者の職種や資格

1. 保健師
2. 精神保健福祉相談員、精神科ソーシャルワーカー(PSW)、精神保健福祉士
3. 社会福祉士
4. 介護支援専門員（ケアマネージャー）
5. 臨床心理士
6. 医師、特に精神科医、産業医
7. 介護福祉士、ホームヘルパー
8. 社会福祉施設の相談員、指導員、有料老人ホームの相談員
9. 司法書士、弁護士、法テラス職員
10. 消費生活センター相談員
11. ハローワーク職員、若者サポートステーション相談員
12. 教員
13. スクールカウンセラー
14. 消防士、救急救命士
15. 薬剤師
16. 作業療法士
17. 病院のソーシャルワーカー(MSW)、特に救急病院ソーシャルワーカー
18. 看護師
19. 自殺予防に関わる電話相談ボランティア
20. 公務員（特に生活保護担当者、児童相談所職員）
21. 産業カウンセラー
22. 民生委員・児童委員
23. 牧師、僧侶
24. 自死遺族
25. 学生（大学生）
26. 警察官（生活安全課等）
27. 精神保健ボランティア、傾聴ボランティア
28. 福祉機器販売事業者
29. 多重債務関連相談員
30. ガン自助グループファシリテーター

＊資格と職種等が混じった表になっています。ご了承ください。

5. 自殺予防の取り組みの効果

　自殺の予防は、一人ひとりの自殺を防ぐとともに、自殺率や自殺者数の減少を目的とします。自殺予防の取り組みの効果を検証するには、本来、自殺率の増減を検証しなければなりません。自殺率とは、人口10万人あたりの発生数です。自殺は大きな社会問題であるとはいえ、人口10万人あたりの自殺率は年間数人から数十人です。自殺率の高い日本でも人口10万人あたり24人前後です。そのため、自殺率の推移を検討するためには、かなり大きな人口を対象に介入をした上で、効果検討する必要があります。
　その上、自殺率の増減には、さまざまな要因が影響を与えます。景気の動向、高齢化など人口の年齢構成の変化などが大きな影響を与えると言われま

す。特定の取り組みやプロジェクト導入の効果のみを測定することは非常に困難で、ほとんど不可能に近いとされています。そのため、事実上、自殺予防の効果検証にはかなりの困難が伴います。

そうはいっても、特定のコミュニティで、自殺率が減少したと認められている取り組みはあります。ここでいくつかの代表的な取り組みを紹介します。

（1）スウェーデンの島における、全一般医（GP）を対象とした研修

1980年代、スウェーデンのゴトランド（Gotland）という、人口6万人弱の島で調査されました。島の一般医（GP = General Practitioner；島で医療サービスを受けようとする人がまず受診する医師）18人全てを対象に、うつ病と自殺に関する2日間の研修が行われました。研修は、事例についての講義と討議によるものでした。自殺の実態、症状、病因、高齢者のうつ症状、子どもと思春期のうつ症状、急性期の治療、自殺学、心理社会的要因、精神療法、家族とうつ病などが多面的に含まれる研修でした。研修の他、参加者が自宅で読むための参考文献も配布されたそうです。

このプロジェクトの結果、この島では、研修前と比較して、研修後に自殺率が統計的有意に減少しました。ベースライン期に人口10万人あたり19.7であったものが、評価期に7.1に下がったのです。なお、この効果は、研修がなされた3年後には消滅し、自殺率は研修前のレベルに戻ったことも確認されています。フォローアップ時の人口10万人あたりの自殺率は16.1でした（Rutz, von Knorring & Walinder, 1992）。

この研究から、自殺者と接する機会の多い一般医（GP）全員が、自殺予防に関する研修を受講することには、効果があることがわかります。一方、研修の効果は永続的なものではない（注：島の一般医は転勤等により、3年間である程度入れ代わりました）ことも明らかにされました。つまり、一度自殺減少の効果がみられた地域であっても、継続的に研修を実施する必要があるということが言えそうです。

（2）米国空軍の、リーダーの役割モデルと地域介入を強調した取り組み

米国空軍における空軍コミュニティ全体に対する自殺予防プロジェクトも効果が確認されています。これは、1996年から開始され、その後も継続し

て実施されている空軍のプロジェクトです。空軍の人口は概ね35万人前後です（注：米国が直接戦争に関わっている度合いにより空軍人口は増減します）。

このプロジェクトは、自殺予防に関して、リーダーをロールモデルとすることと、地域への多層的な介入をすることが強調されたものでした。このプロジェクトでは、精神疾患や自殺の問題を、単なる医学的な問題ととらえることを改め、「コミュニティの問題」としてとらえ直し、取り組むように方針転換し、それを具現化しました。具体的な柱が11あげられています。主なものをかいつまんで紹介すると、①上層部の自殺予防プロジェクトに対する理解と支持、上層部からプロジェクトに含まれる各種研修等への参加が定期的に奨励されること、②一般研修の中に自殺予防の研修が組み込まれ、全軍人が学ぶこと、③毎年、空軍の軍人及び従業員向けの研修が提供されること、④指揮官は、精神保健サービスの利用についてのガイドラインを学ぶ研修を受講し、部下が早期に助けを求めることを推奨する役割を担うことが明確化されていること、⑤精神保健福祉サービスの利用や自殺危機にあることについての情報が、そのような状態にある者へ不利に働かない配慮をするシステムとルールづくり、⑥地域の予防的サービスの奨励と推進、⑦軍人とその家族の生活の質や、コミュニティの問題を把握し、解決に取り組む仕組みの形成、などでした。プロジェクト導入前の10数年間と、プロジェクト導入後の10数年間、計27年間を比較したところ、自殺率が統計的に有意に下がったことが確認されています。プロジェクト前の自殺死亡率が、1年あたりの自殺率に単純換算すると人口10万人あたり12.132から9.548に下がっています。

なお、このプロジェクトで、2年間で空軍に関係する軍人及び従業員の90％がゲートキーパー養成研修を受講しました。ゲートキーパー養成研修はLINKプログラムと名づけられています。気づくこと、リスクをアセスメントすること、つなげる資源を知り、つなげる戦略を持つことが強調された研修です。コーホートスタディの結果、1990～1996年と1997～2002年を比較したところ、自殺に関する危険性は33％低下しました。自殺のみならず、他殺、家族内暴力（中程度と深刻な程度のもの）、そして、事故死も有意に減少したことが報告されています（Konx et al., 2010；Konx et al., 2003；SAMHSA's National Registry of Evidence-based Programs and Practices）。

この研究から、自殺を単に医学的な問題ととらえず、コミュニティ全体の問題であるととらえ、多層的な取り組みをすることが有効であることが示唆されます。コミュニティや組織の中で、社会的地位の高い者にも、役割や地位にふさわしい適切な研修が提供され、組織の構成員全体が自殺予防に対する共通認識を持つこと、研修等が幅広く、継続的、定期的に提供されること、早期に精神保健福祉サービスを利用することを可能にするシステムの改善などがなされることに意義があることが理解できます。

　なお、オーツら（Oordt et al., 2009）は米国空軍の自殺予防研修の効果について研究報告しています。1日半、12時間かけて提供される研修は、アセスメントに4時間、対処と治療に4時間、空軍特有の課題への対応、フォローアップ、ハイリスクな者への継続的支援などに4時間費やされます。研修では、空軍の自殺予防ガイドラインの冊子が配布され、18の推薦事項が確認されます。パワーポイントによる講義、ロールプレイ、パネル討議などにより提供されました。調査対象は82人の精神保健福祉の専門家（半数弱が博士レベルの臨床心理技術者、4分の1が博士あるいは修士レベルのソーシャルワーカー、1割強が精神科医）と看護師、精神科事務の専門家が含まれます。全体の43％は、自殺予防についての研修を受講した経験が全くあるいはほとんどない状態でした。社会人になってからも自殺予防に関する研修の受講経験は42％の者に全くありませでした。にもかかわらず93％が自殺企図のある者への支援経験がありました。

　その後、半数の41人がフォローアップ調査に回答しました。その結果、44％がアセスメントに自信が増しました。54％が自殺企図のある患者への対処に自信を増していました。そして、83％が自殺企図のある者への実践の仕方を変えたという報告をしています。

　米国空軍では、重層的な自殺予防プログラムを実施し、その中でも自殺予防研修を空軍の従事者の9割が受講しています。そして、コミュニティ全体としてもともと低かった自殺率がさらに低くなる結果を得ています。コミュニティの中で、数多くの人が講義形式にとどまらない実践的な研修を受けることの効果が示唆されます。

（3）米国の大学における自殺予防プログラム

　米国の大学で自殺予防の効果があったと示唆される取り組みが報告されています。

　学生数およそ4万人のイリノイ大学における自殺予防のプログラムについて、ジョーフ（Joffe, 2008）が報告しています。まず、当大学では1976年から1983年の間に19名が自殺で亡くなったことが記録から確認されました。10万人あたり6.9人の自殺率でした。米国の15歳から24歳の自殺率は10万人あたり12.5人で、それと比較すると自殺率は低いものでした。自殺した人の68％は精神科を受診していたものの、大学のカウンセリングセンターのソーシャルワーカーや臨床心理技術者の支援を受けていたのはわずか1名でした。

　そこで、当初、大学では、自殺のサインを示したり、自殺未遂をしたりした学生は大学のカウンセリングセンターを利用する（注：ソーシャルワーカーまたは臨床心理技術者の個別面接を受ける）ことを求めるように、大学の教職員に周知しました。3か月間で実際の利用は増えませんでした。ほとんどの学生は、自殺未遂行為を否定したり、「完全に回復した」と言い張ったりし、面接予約をしなかったり、予約しても来なかったりしました。

　そこで、プロジェクトでは、自殺企図を示す言動について明確な基準を周知しました。その基準に合致した者は、すべて報告することを教職員に課しました。そして、自殺企図を示す言動があった場合に、その学生がソーシャルワーカーあるいは臨床心理技術者による面接を4回受けることを義務化しました。特に1回目の面接は、必ず自殺企図言動あるいは退院後1週間以内に実施することとしました。面接は、アセスメントを中心に行います。自殺の考え、意図、そして、自殺手段の入手についてアセスメントします。その上で、自殺企図言動をした状況や環境、学生の考え、感情を再構築する支援をします。学生の生育歴等の聴取を行い、自殺予防に関する大学の方針を確認していきます。学生が「自殺するのは自分の権利である」と主張しても、大学は「権利」という意見には同意せず対応します。

　このプロジェクトの変更ポイントは、自殺企図を示す言動の判断基準に合致した言動があれば、同じ対応をすると決めたことにあります。「この学生は実際には死ぬ気がなかった」「この程度の量の服薬では死ねないので、死ぬ意図は小さかったに違いない」など、2次的な解釈（注：多くは危険性を矮

小化する解釈）を媒介させず、一定の基準を満たした言動があれば、教職員に報告するように周知し、どのような内容であれ、基準を満たしていれば同じように対応することにしたのです。

学生の在籍数が年間平均3万6,000人の大学でその後の21年間で2,017の自殺危機のケースに対応し、実際の自殺者数は29人でした。イリノイ大学における本プログラム導入前の8年間と導入後21年間の自殺率を比較すると、自殺率は人口10万人あたり6.91から3.78に下がりました。また、同様のプログラムを実施していない近隣の11の大学と、導入前4年間と導入後6年間の自殺率を比較したところ、イリノイ大学においては自殺率が7.89から2.00に下がったのに対し、近隣の11大学では自殺率が7.07から8.68に上昇していました。

このように、①学生の自殺を匂わすような言動を、関わった者が勝手に「本当は死ぬ気はなかった、あるいは、二度と死ぬわけがない」などと勝手に判断せず、全教職員が見逃さずに一律の対応をすること、②ソーシャルワーカーや臨床心理技術者等の面接を4回義務化すること、③面接では、自殺の考え、意図、手段と、学生の生育歴などをアセスメントすることに重点をおくこと、④面接の中で、学生の生活環境、学生の自殺企図に関する考えや感情を、より前向きなものに再構築する支援をすること、をシステムとして確立すると、大学などにおける自殺が減少する可能性が高いことが示唆されます。

6. 諸外国の自殺予防研修、ゲートキーパー養成研究

これまでに実施されてきた自殺予防研修、ゲートキーパー養成の先行研究にはさまざまなものがあります。ここでは代表的な取り組みを紹介したいと思います。

（1）ヨーロッパのSTORMプログラムに関する研究
　　──保健医療の専門家を対象としたゲートキーパー養成プログラム
ヨーロッパで実施されたSTORMという自殺予防に関するプログラムについては、多角的な研究がなされています。

イギリスでは、すべての精神保健スタッフは、自殺リスクのアセスメントとマネジメントについての研修を受けるべきであるとする指針が国から示されています。そのためにSTORM（Skills Training on Risk Management）プログラムが開発されました。

　STORMは、社会学習理論をその理論的枠組みとしており、ロールプレイとビデオ教材を用いた研修です。また、自殺に対する態度についても研修で扱います。自殺に関する態度について知識伝授のみではなく、ロールプレイなどを通して修正を図る研修を行うことが特徴です。その根底には、人は、自分の考えや信念（注：ここでは自殺に関する考えや信念）が誤りであると知ったとき、その誤りを自己修正した上で実践の中で応用してはじめてその人の身につく、という考え方があるからです。自分の考えが誤りであると知っただけで、練習をしないでいると、不安やイライラ感につながると指摘されています。

　モーリスら（Morriss et al., 1999）の研修には、精神保健の専門教育を受けていない看護師やボランティアスタッフなど26人が任意で参加しました。研修は、週1回2時間のセッションを4週間実施し、その内容は、アセスメント、危機管理、問題解決、危機再発の予防についてでした。研修方法は、教育ビデオの視聴の後、ロールプレイにより、相談援助技術の行動リハーサルを行うものでした。

　この研究では、研修の効果を測定するため、参加者のロールプレイのビデオ撮影（事前・事後・比較群）の評価及び、SIRI-2という自記式尺度による評価を行っています。その結果、研修の参加後のほうが、自殺の意図や計画を尋ねる、適切に問題解決をする、将来自殺願望が強くなったときに対処する、などの項目に有意な改善がみられました。また、SIRI-2尺度の得点が改善し、自殺危機にある人への対応についての自信度もリスクアセスメント、危機防止、自殺企図のある人への対処について有意な改善がみられました（Morriss et al., 1999）。

　このSTORMはさまざまな場所で提供されています。アップルビーら（Appleby et al., 2000）は、イギリスの人口約13万人の州で、救急病院、内科、精神科を中心とする病院に勤務する医師、看護師、ソーシャルワーカー全員

を対象にSTORMの研修を提供しました。参加対象者（359人）の約半数にあたる167人の参加が得られました。研修の提供方法は柔軟で、職員の勤務時間の都合に合わせて6時間あるいは8時間（精神科領域のスタッフ向け）提供され、103人が全時間参加しました。研修の方法は、資料の配付、講義、討議、視聴覚教材の使用、ロールプレイによる行動リハーサルと講師からのフィードバックでした。この結果、自殺危機にある人への対応についての自信度は、4つの領域すべてで有意な改善がみられました。自殺に対する態度は、もともと否定的な態度の強かった参加者において、有意な変化がみられました。

自殺のリスクアセスメント及び臨床的管理のスキルについては、さらに、任意で28名のビデオ撮影を研修前後に行い、内容を評価しました。ビデオ撮影による評価についてはサンプルサイズが小さく、精神保健福祉領域の専門家においては、有意な改善はみられませんでした。しかし、精神保健領域の専門家ではない者には、有意な改善がみられました（Appleby et al., 2000）。

なお、このプロジェクトは州の内科、救急センター、精神保健領域の医師、看護師、ソーシャルワーカーを対象とし、参加対象者の約半数の参加を得て実施されたので、その後、州の自殺率が低下したか否かが検証されました。その結果、自殺率は（注：残念ながら）低下しなかったという結論が得られています。自殺率低下の効果は容易には得られないことを示しています（Morriss et al., 2005）。

その後、別の研究としてSTORMに関するそれまでの研究成果が再現できるかを確認する調査がなされました。研修は458名を対象に行いました。その結果、自殺に対する態度や対処する自信に有意な改善がみられました。ビデオ撮影によるスキル獲得評価については、任意に参加を同意した45名のみが対象となりました。その結果、上記の調査で示された、「スキル獲得のレベルが有意に改善した」という結果は再現されませんでした。しかし、研修への評価について質的調査を行ったところ、スキルが獲得できる当該研修の評価は非常に高いものでした（Gask et al., 2006）。

STORMは、自殺予防のトレーニングパッケージです。自殺予防についてのスキル、態度の改善及び、自殺のリスクに対処する自信をつけることに効果があることが検証されています。4種類のモジュール設定があり、忙しい

一般医（General Practitioner；GP）も参加しやすい運営が可能となっています。現在、STORMの研修パッケージは、商業ベースで保健福祉団体へ提供されています。刑務所スタッフ向けの修正版も提供されているそうです（Green & Gask, 2005）。

　このように、イギリスでは国をあげて、精神保健福祉領域の最前線の専門家に密度の濃い、実践的な研修が提供されています。STORMプログラムの効果検証は、望むような結果が得られているとはいえませんが、イギリスの自殺率が日本の4分の1程度（注：統計年度にもよるが、日本の自殺率が人口10万人あたり24人前後であるのに対して、イギリスの自殺率は6人から9人程度である）であることの背景には、このような取り組みがあるのではないかと思われました。

（2）カナダの教育機関におけるゲートキーパー養成

　北米では、教育機関（高等学校あるいは大学レベル）においてゲートキーパー養成プログラムが数多く提供されています。スチュアート、ウォーレンとハールストロム（Stuart, Waalen & Haelstromm, 2003）はカナダの5つの学校で、13-18歳の生徒（13名）を対象に、半日の研修を1週間おきに2回実施しています。研修内容は、①傾聴、②限界線を引く、③危機理論、④自殺のサイン、⑤自殺リスクのアセスメント、⑥自殺志願の若者が出てくるロールプレイシナリオ、⑦地域の社会資源についてでした。研修の前後に調査を行った結果、自殺に関する知識、態度、スキルいずれも「改善」の方向へ有意に変化しました。記述式回答の分析からも、研修前と比較して共感的反応などを行える割合が増加したと報告されています。比較対象群のない調査なので、効果検証という点においては限界がありますが、青年期の者を対象にした研修でも、時間を十分とれば、改善がみられることが示唆されます。

　また、チャグノンら（Chagnon et al., 2007）は、若者を対象に働く大人を対象とした、講義とロールプレイを用いて、自殺危機にある者への介入について、問題解決アプローチとカウンセリングの基礎を組み合わせた研修を1日3時間、週に1回、3週間にわたって実施しています。研修を受講した者（43名）と、研修を受講しなかった対照群（28名）とを比較したところ、研修を受講したグループの方が、受講しなかったグループと比較して、自殺へ

の介入についての知識、態度、スキルのいずれも有意に改善しました。また、6か月後のフォローアップ調査においても有意な改善は維持されたと報告されています。また、この調査では、63.6%の者が、研修後の6か月に自殺危機にある（自殺を考えている）若者へ介入した（対処した）と報告しています。

3週間にわたる研修を行い、講義のみならず、ロールプレイを用いた実践的な研修を行った結果、若者のゲートキーパーとなり得る職員の、知識、態度、スキルが改善したのみならず、受講者の6割もが半年以内に、実際に若者の自殺危機へ介入したことを報告していることが特徴です。実践的な研修は行動に結びつきやすいことを表しているといえます。

（3）米国の高等学校におけるSOS（Signes of Suicide）モデル

SOSプログラムとは、中学校及び高等学校の生徒を受講対象としたゲートキーパー養成のプログラムです。自分自身及び友人のうつ症状や自殺願望などに気づき、人の支援を得ることを奨励するプログラムです。

アセルタインとディマーシオ（Aseltine & Demartino, 2004）は、5つの高等学校に通学する2,100人の生徒を無作為に2グループに割り付け、片方のグループにはSOSプログラムを提供し、コントロールグループには提供しませんでした。このプログラムは、自殺に関する認識を改善し、参加者の自殺の危険因子（うつ症状等）をスクリーニングする要素を組み合わせています。プログラムの中で、生徒たちに対して、「もしサインに気づいたなら、ACTをしなさい」と伝えます。ACTのAはacknowledge（認識する）、Cはcare（ケアする〈助ける〉）、そして、Tはtell（伝える）です。

研修の前と研修後3か月に、①自殺企図や自殺願望、②うつ病や自殺に対する知識や態度、③支援を求める行動について、自記式の調査を行いました。

その結果、研修受講グループにおいて、研修受講しなかった対照群と比較して、本人の自殺企図行為は4割少なかったです（研修後3か月間で）。研修受講グループでは、自殺予防に関する知識の増加と、より適応的な考え方への変化がみられました。しかし、研修受講グループにおいて、必要に応じて助けを求めることや、大人へ相談する行為は増加しませんでした。

この調査は、グループごとの無作為割付（RCT）を行ったうえで研修の効果が明らかにされた研究です。知識や考え方が変わること、また、自殺企図

行為が、受講したグループで実際にかなり減少したことは画期的な結果といえます。ただ、青少年に自殺予防の啓発的な研修を行っても、それがただちに、大人の助けを求めたり、つなぐ行為には結びつかないということが言えそうです。

（4）米国の中学校・高等学校における QPR モデル

　ワイマンら（Wyman et al., 2008）は米国のある地区の全ての中学校・高等学校を対象にゲートキーパー養成研修を提供することとし、学校ごとの層化無作為割付の後、職種ごとに抽出された17,047人のうち、342人の学校職員を調査対象として登録しました。このうち、10の中学校、6の高等学校が研修対象となり、166人がゲートキーパー養成研修を受講しました。QPRモデル（Question＝たずねる、Persuade＝説得、Refer＝他の人へつなげる）に基づく研修は、専門のトレーニングを受けた講師と、専門のトレーニングを受けた学校カウンセラーがペアで1時間半の研修を行うものです。研修では、若者の自殺、若者の自殺の危険因子、サイン、生徒への自殺意図の尋ね方、生徒が支援を受けることを説得すること、生徒を支援へつなげる方法、などを学びます。研修実施後1年を経てから知識、ゲートキーパー行動の準備性、生徒へのゲートキーパー行動、生徒を支援へつなげる、生徒とのコミュニケーションレベルなどについての自記式調査を行いました。

　その結果、ゲートキーパー研修の効果については、知識に改善がみられ、また、ゲートキーパー行動の中でも、生徒を支援へつなげることについては、有意な効果がみられました。もともと、ゲートキーパーに関する知識の乏しい者ほど、研修の効果がみられました。

　しかし、実際に生徒に対するゲートキーパー行動を実践したか否かについては、職種別にみると、教員グループのみに有意な効果がみられました。また、研修実施以前からの、生徒とのコミュニケーションレベル別にみると、生徒とのコミュニケーションレベルがもともと高い者（生徒の悩みなどをたずねたり打ち明けられたりしている頻度が高い者）のみ、ゲートキーパー行動は有意に改善しました。

　同時に行った生徒への調査では、自殺未遂歴のある生徒ほど、自ら大人に相談することはないこと、また、友達が自分のことを大人へ相談するとは考

えていないことが明らかになっています。

　この調査から、短い研修でも、知識レベルの改善はみられることが明らかになりました。しかし、短い研修では、研修受講前の段階でのコミュニケーションのスキルレベルが、研修の効果に影響を与えることが示唆されます。また、短い座学中心の研修では、研修を受講しても、一部の専門職を除いては、実際の行動に移すような行動変容には至らないことが示唆されます。そこで、ゲートキーパーについての知識を得るだけではなく、信頼関係の構築ができるコミュニケーションのできる研修を提供することや、学んだことを実際の行動に結びつけることのできる研修が求められていることが示唆されます。

　また、生徒は、課題を抱えている生徒ほど、「大人の支援を得るべき」と短い研修で学んでも、それが直ちに行動変容に結びつくわけではないことがわかります。

（5）米国の地域のゲートキーパー養成：サマリタンモデル

　地域及び学校における傾聴共感に重きを置いた自殺予防のゲートキーパー養成研修も行われています。クラークら（Clark et al., 2010）がその効果検討研究について報告しています。研修は3時間で、傾聴、非審判的態度、自殺のサイン、統計、俗説などの知識についての講義、地域ごとの自殺予防計画づくりなどを行うものでした。365人を対象に研修の事前・事後で効果検討を実施したところ、自殺予防に対する自己効力感（注：「～ができそうな感じ」）は改善がみられました。受講者のうち、学歴の高いほど、また、研修受講以前に自殺の危機にある者との接触経験のある者ほど、受講前から自己効力感は高く、受講後も、自己効力感は高いものでした。

（6）オーストラリアの少数民族向けの研修

　キャップ、ディアンとランバート（Capp, Deane & Lambert, 2001）はオーストラリアのアボリジニー（少数民族）の間で自殺率が極めて高いことから、この民族を対象としたゲートキーパー養成ワークショップを開発し、実施しました。ワークショップは、自殺に関する俗説と事実、態度と信念、統計数値（国レベル及び地域レベル）、ストレス要因、リスクアセスメント、注意サ

イン、コミュニケーションスキル、支援の仕方、個人及びコミュニティのサポートネットワーク、他機関へつなげる戦略と情報、守秘義務等について盛り込まれたもので、ロールプレイ及び小グループによる討議を含むものでした。参加は任意で、57名の参加者が8回開催されたワークショップのいずれかに参加しました。参加前後の自殺に関する知識、自殺危機にある人を助ける意図、自殺危機にある人を精神保健医療サービスにつなげる意図、そして、自殺を考えている人を同定する自信等の値について調査をしたところ、「自殺危機にある人を精神保健医療サービスにつなげる意図」については、ワークショップの参加後に値が減少し、「つなげない」方向へと変化したものの、それ以外の3要素は、有意に改善の方向へと変化したとの結果が報告されています。

　なお、この調査結果の特徴的な点は、受講者のニーズにあわせて、柔軟な開催方法を工夫していることと、研修の参加者の精神保健医療サービスにつなげる意図が減少した点です。受講者は、自殺を考えている人への対応方法を学ぶことによって、必ずしも、精神保健医療サービスへつなげることのみがその解決方法ではないと理解し、それによって、精神保健医療サービスへつなげる以外の方法による支援をする意図が高まったのではないかということが示唆されています。

　この調査の2年後のフォローアップ調査では、自殺危機にある人を助ける意図、自殺危機にある人を同定する自信は、2年後も高いまま維持されていました。また、受講者のうち37.5％（40人中15人）がその2年間で自殺危機にある者へ対処したことを報告しました。研修終了時に、自殺企図のある人を支援する自信が高かった人ほど、受講後に実際に自殺企図のある人を支援した傾向がみられました。一方、自殺企図のある人を精神保健医療サービスへつなげる意図については、フォローアップ時点において受講直後と比較してさらに低くなったことが報告されました（Deane et al., 2006）。

　この調査から、ゲートキーパー養成研修が適切に提供された場合、多くの受講者がゲートキーパー行動を実践する可能性があることが示唆されます。この調査では、4割弱という高率で実践がなされました。また、少なくとも、当該少数民族の中では、自殺を考えている人への対処方法の知識とスキルを

得ることによって、その人への支援方法の選択肢が増加し、精神保健医療サービスへつなげることのみが解決方法ではなくなる（それ以外の方法で解決しようとする力を受講者が持つ）ことが示唆されます。

7. 日本における取り組み

日本においても、自殺予防のゲートキーパー養成研修は、国レベル（竹島ら, 2009）や都道府県レベルにおいて始められてきています。県の総合的な自殺予防施策の一部としてふれあい相談員の研修が実施され（本橋, 2009）、県の民生委員・児童委員を対象とした「こころの相談員」研修でも自殺予防がテーマとして取り上げられた報告がなされています（小嶋, 2009）。市の精神保健福祉関連職種の研修（今井, 2007）、地域レベルでの受容・共感、傾聴のロールプレイを用いるワークショップの事例（稲村, 2007）なども報告されてきています。しかし、科学的な検証に基づく研究はほとんどなされていません。

日本自殺予防学会においても、2010年よりゲートキーパー養成研修が実施されています。オーストラリアで開発された、メンタルヘルスの問題を有する人に対する初期介入の仕方を学ぶ研修教材、メンタルヘルス・ファーストエイド（Kitchener & Jorm, 2002=2007）をもとにした研修が実施されました。精神科医師8人が講師となり、もともと6時間要する研修を2時間に短縮して50人定員の研修として提供していました。このオーストラリアのメンタルヘルス・ファーストエイドの指針をもとにしたゲートキーパー養成のための資料は、内閣府のホームページでダウンロードできます（内閣府, 2010）。

本書では、第8章において、私たちのゲートキーパー養成研修（自殺危機初期介入スキルワークショップ）の効果検証の結果を報告しています。その結果、参加者について、一定の効果がみられたといえます。しかし、私たちの調査も、無作為割付による比較研究ではありませんので、その効果については限定的にしかいえません。また、ワークショップ自体は全国に提供しており、地域限定で提供しているわけではないため、地域における自殺率の変化の検証はできていません。

8. 研修の必要性

(1) 研修受講者も現実場面で実践できていない

　自殺防止の相談の専門研修を受けた者であっても、現実場面で適切な対処をしているとは限らないことが指摘されています。

　ミシャーラら（Mishara, 2007a）は、全米の自殺防止の電話相談（2,611件）をモニター調査し、機関方針に基づく介入モデル（「傾聴モデル」あるいは「協働的問題解決モデル」）と、実際の介入行動を照合した研究を報告しています。この調査の結果、機関の方針と実際の電話相談の内容や質にはかなり差異があることが明らかになりました。1,431件を分析対象としたところ、相談員は体系的な研修を受け、リスクアセスメントを必ず実施するよう指導されているにもかかわらず、リスクアセスメントの実施率が50.5％（723件）と予想以上に低いものでした。

　さらに、相談員の応答を「共感」「尊重」「してはならない対応」等に分けて評価したところ、15.6％（223件）は、共感をしていない（87件）、相談者を尊重していない（31件）、相談者の助けの求めに応じないか、助けることはできないと伝える（87件）、自殺をするように伝える（4件）など予め定めていた「最低レベル」以下の評価に該当するとされました。これらの結果から、相談員の質の確保、標準的対応法の確立、介入過程と結果の関連性の調査が望まれると指摘しています。

　このように、自殺の危機にある人への相談を受けるための専門研修を受けた者でさえ、実際の相談場面で研修内容を反映した実践をしていない者が多くいることが明らかにされました。自殺防止の電話相談員向けの研修の内容や方法は、明らかにされていませんが、研修内容や提供方法の工夫が求められています。現実場面で実践できるような研修の内容と提供方法が必要とされていることが示唆されていると思われます。

(2) 専門職対象のゲートキーパー養成研修の必要性

　自殺危機にある人への対応方法については、精神保健福祉分野の専門家であれば、十分な知識とスキルを有しているはず、と一般には思われているかもしれません。しかし、欧米でも、専門職養成教育の中で、自殺危機にある

人への対応方法についての教育が不十分であることが指摘されています。

わが国では、医学教育で自殺予防教育（須田ら, 2009）の報告はありますが、その実施は極めて限定的です。著者も、自殺危機にある人への対処方法について最低限のことを大学の授業で教えていますが、学科の学生全員が履修する科目で教えてはいません。また、社会福祉士はもとより、精神保健福祉士（注：いずれも国家資格。精神保健福祉士は精神保健福祉分野のソーシャルワーカーの国家資格）の養成テキスト等でも自殺危機にある人への具体的な対処方法の記載は限られているため（日本精神保健福祉士養成校協会編, 2012）、オリジナルな材料を用いて教えています。さらに、自殺危機にある人への対処方法について教える時間は限られるため、それほど多くの時間が割けないでいます。

（3）臨床心理の専門家にも必要

臨床心理の専門家の自殺予防に関する教育の不十分さについては、デクスター・マッツァとフリーマン（Dexter-Mazza & Freeman, 2003）が報告しています。全米の131か所の実習機関の590人の臨床心理学の博士課程インターン（実習生）を対象に調査を行い、238人から回答を得ました。実習期間中99.2％の者が自殺企図のあるクライエントを担当していました。カリキュラムの中で自殺への対応について学ぶ機会があった者は、全体の約半数（50.8％）で、そのうちの大半（73.8％）は講義（座学のみ）によるものでした。自殺のリスクアセスメントについては学ぶ機会があるものの、自殺危機にある人への具体的対応について学んだものは全体の16％にすぎませんでした。知識や対応する自信の度合いは全体に比較的高いものでした（アセスメントは1-7の尺度で平均5.33、対応は4.92、知識で4.89）。

回答者の4.6％（11人）が担当クライエントの自殺による死を経験していました。このうち、3名は自殺のリスクアセスメントや対応の仕方をカリキュラムの中で学んでいないと報告しました。また、担当クライエントが自殺をほのめかしたり、自傷行為があったり、自殺未遂があっても、クライエントの対処の仕方についての訓練を受けたものは3名にすぎませんでした。

(4) ソーシャルワーカーにも研修は必要

　米国のソーシャルワーク教育に関しては、フェルドマンとフリーデンタール（Feldman & Freedenthal, 2006）がNASW（全米ソーシャルワーカー協会）に登録しているソーシャルワーカーを対象に調査を行っています。回答者は、修士以上の学歴を持ち、8割がソーシャルワーカーのライセンスを持っていました。15万人弱の対象者から3,000人を無作為抽出してe-mailによる調査を開始し、そのうちの2,760人が有効なメールアドレスの登録をしていると判明しました。22%、598人の回答を得ました。その結果、92.8%の者が自殺企図のあるクライエントを支援した経験がありました。3分の1以上（37.1%）が調査時点でも自殺企図のあるクライエントを支援していました。

　社会福祉学修士課程のカリキュラムの中で自殺予防について学んだものは21.2%にすぎませんでした。59.2%は、修士課程のクラスで自殺について触れた授業を受講した経験はありました。また、61.2%は、実習中に自殺に関する何らかの教育を受ける機会があったと回答しています。多くは教育カリキュラムの中で自殺予防に関する訓練が不足していると感じており（67.4%）、また、多くが修士課程修了後に必要な訓練を受けたと感じていました（72%）。その結果、調査時点で、約80%の者が自殺企図のあるクライエントを支援するのに自信や力量を有すると感じていました。

(5) 専門職間にもスキルレベルに差がある

　ベルギーにおいて、精神保健福祉医療の専門家を対象とした、自殺予防のスキルに関する大規模調査が行われ、シアーダーら（Sheerder et al., 2010）が報告しています。精神保健センター職員、一般医（医師：GP）、自殺予防ホットラインボランティア、病院勤務の看護師、薬剤師、警察や司法機関の社会福祉専門職、救急サービス電話の窓口担当者を対象とした、SIRI-2（ドイツ語版）を用いた調査です。980人が調査対象となりました。約半数（53%）が自殺企図のある人と接した経験を持っていました。保健福祉医療における職歴は平均9.2年で、42%の者が、担当していたクライエントの自殺を経験していました。自殺企図のある者と接する度合い（自己評価）と、自殺企図のある者と接する頻度は、自殺危機にある人への対応のスキルのレベル（自己評価）と強い相関関係を示していました。また、自殺予防に関す

る自己評価のレベルと、SIRI-2のポイントにも相関関係がみられました。

　自殺企図のある者と接する頻度や程度が中くらいの者と、多い者との間では、自殺予防のスキルに大きな違いはみられませんでした。一方、自殺企図のある者と接する頻度や程度が低い者と、中くらいの者との間には、大きな違いがみられました。接する頻度や程度が低い者の中には、自己評価は高いものの、SIRI-2のポイントは低い者がみられました。

　このように、精神保健福祉の最前線の専門職であっても、その養成課程で十分な教育がなされていないことが指摘されています。専門職養成教育の必要性が指摘されているわけですが、これまでの自殺予防の効果検証調査の結果と合わせて考えると、自殺予防に関する研修の効果が持続する期間には限界があることも指摘されています。専門職養成教育の中でも取り上げられるようになる必要はありますが、現場で働くようになって、より切実なニーズに直面してからも、実践的な研修を受ける機会が必要とされると思われます。

　自殺予防に関する研修、ゲートキーパーの養成に関する研究を概観してきました。
　日本で自殺が大きな社会問題であることは間違いないと思います。日本の社会システムに合致した自殺予防の重層的な取り組みがなされることが望まれます。その中で、自殺予防の研修、ゲートキーパー養成にはどのような要素が求められるのでしょうか。次章から、私たちの自殺予防のゲートキーパー養成ワークショップの構成やねらい、そして、内容の根拠などについて述べていきたいと思います。

【参考・引用文献】
Appleby, L., Morriss, R., Gask, L. et al. (2000) "An educational intervention for front-line health professionals in the assessment and management of suicidal patients (The STORM Project)", Psychological Medicine, 30, 805-812.
Aseltine, R.H. & Demartino, R. (2004) "An outcome evaluation of the SOS suicide prevention program" 94(3), 446-451.
Capp, K., Deane, F.P. & Lambert, G. (2001), "Suicide prevention in Aboriginal communities : Application of community gatekeeper training", Australian and New Zealand Journal of Public Health, 25(4), 315-321.
Chagnon, F., Houle, J. & Marcoux, I. et al. (2007) Control-group study of an intervention training program for

youth suicide prevention. Suicide and Life-Threatening Behavior, 37(2), 135-144.

Clark, T.R., Matthieu, M.M., Ross, A. & Knox, K.L., "Training outcomes from the Samaritans of New York Suicide Awareness and prevention programme among community- and school-based staff." British Journal of Social Work (2010), 40, 2223-2238.

Deane, F.P., Capp, K., Jones, C. et al. (2006), "Two year follow-up of a community gatekeeper suicide prevention program in an Aboriginal community", Australian and New Zealand Journal of Rehabilitation & Counseling, 12, 33-36.

Dexter-Mazza, E.T. & Freeman, K.A. (2003), "Graduate training and the treatment of suicidal clients: The students' perspective." Suicide and life-threatening behavior, 33(2), 211-218.

Feldman, B. N. & Freedenthal, S. (2006) "Social work education in suicide intervention and prevention: An unmet need?", Suicide and Life-Threatening Behavior, 36(4), 467-480.

Gask, L., Cixon, C., Morriss, R., Appleby, L. & Green, G. (2006), "Evaluating STORM skills training for managing people at risk of suicide". Journal of Advanced Nursing, 54(6), 739-750.

Green, G., & Gask, L., (2005). "The development, research and implementation of STORM (Skiils-based Training on Risk Management). Primary Care Mental Health, 3, 207-213.

今井博泰 (2007)「江別市内の精神保健福祉関連職種を対象とした研修会開催の報告」『北方圏生活福祉研究年報』31, 61-66.

稲村茂 (2007)「うつ病に焦点を当てた自殺予防のためのロールプレイ――グループという枠組みから」『集団精神療法』23(1), 34-38.

Isaac, M., Elias, B. & Katz, L.Y. (2009) "Gatekeeper training as a preventative intervention for suicide : a systematic review." Canadian Journal of Psychiatry, 54(4) : 260-8.

Joffe, P. (2008)"An empirically supported program to prevent suicide in a college student population" Suicide and Life-Threatening Behavior, 38(1), 87-103.

Kitchener, B.A. & Jorm, A.F. (2002), "Mental Health First Aid" ORYGEN Research Centre, Melbourne. (=2007、平成19年度科学研究費補助金（基盤研究Ⓒ）精神科早期介入と偏見除去のための臨床研修医への短期教育法の効果に関する介入研究：こころの救急マニュアル・プロジェクトチーム『こころの救急マニュアル（メンタルヘルス・ファーストエイド・マニュアル）』

小嶋秀幹 (2009)「民生委員・児童委員に対するこころの相談員研修のとりくみ（特集 生きる力――自殺を防ぐには）」『月刊福祉』92(5), 31-34.

Konx, K.L., Litts, D.A., & Talcott, G.W. et al. (2003) "Risk of suicide and related adverse outcomes after exposure to a suicide prevention programme in the US Air Force : cohort study." British Medical Journal, 327, 1376-1378.

Konx, K.L., Pflanz, S. & Talcott, G.W. et al. (2010) "The US Air Force Suicide Prevention Program : Implications for Public Health Policy." American Journal of Public Health, 100 (12), 2457-2463.

Mishara, B.L., Chagnon, F. & Daigle, M. et al. (2007a) Comparing Models of HelperBehavior to Actual Practice in Telephone Crisis Intervention. Suicide and Life-Threatening Behavior, 37(3), 291-307.

Mishara, B.L., Chagnon, F. & Daigle, M. et al. (2007b) Which Helper Behaviors and Intervention Styles are Related to Better Short-termOutcomesin Telephone CrisisIntervention? "Suicide and Life-Threatening Behavior, 37(3), 308-314.

Morriss, R., Gask, L., Battersby, L., Francheschini, A. & Robson, M. (1999) "Teaching front-line health and voluntary workers to assess and manage suicidal patients." Journal of Affective Disorders, 52, 77-83.

Morriss, R, Gask, L., Webb, R., Dixon, C. & Appleby, L. (2005) "The effects on suicide rates of an educational intervention for front-line health professionals withsuicidal patients. (the STORM Project)", Psychological Medicine, 35, 957-960.

本橋豊 (2009)「秋田県における総合的な自殺予防対策の推進」『月刊福祉』92(5), 25-30.

内閣府 (2010)『ゲートキーパー養成研修テキスト』

日本精神保健福祉士養成校協会編（2012）『精神保健福祉士養成講座 8　精神保健福祉援助演習（基礎・専門）』日本精神保健福祉士養成校協会編、中央法規出版、第6章事例11「自殺予防」pp231-235（福島喜代子分担執筆）

Oordt, M.S., Jobes, D.A., Fonsega, V.P., & Shmidt, S.M. (2009) "Training mental health professionals to assess and manage suicidal behavior : Can provider confidence and practice behavior altered?" Suicide and Life-Threatening Bahavior, 39(1), 21-32.

Rutz, W., von Knorring, L. & Walinder, J. (1992) "Long-term effects of an educational program for general practitioners given by the Swedish Committee for the prevention and Treatment of Depression." Acta Psychiatre Scand, (85), 83-88.

SAMHSA's National Registry of Evidence-based Programs and Practices. "United States Air Force Suicide Prevention Program". http://nrepp.samhsa.gov/ViewIntervention.aspx?id=121（2011-10-25確認）

Sheerder, G., Reynders, A., Andriessen, K. & Van Audenfohe, C., (2010) " Suicide Intervention Skills and related factors in community and health professionals." Suicide and Life-Threatening Behavior, 40(2), 115-124.

Stuart, C., Waalen, J.K. & Haelstromm, E. (2003) "Many Helping Hearts : an Evaluationof Peer Gatekeeper Training in Suicide Risk Assessment." Death Studies, 27, 213-333.

須田顕、佐藤玲子、河西千秋（2009）「医学教育における自殺予防のための教育」『自殺予防と危機介入』28(1), 44-48.

髙橋祥友（2006）『自殺予防』岩波新書

竹島正・松本俊彦・川野健治ほか(2009)「自殺予防総合対策センターの取り組み――1年8か月を振り返って」『自殺予防と危機介入』28(1), 4-9.

United Nations (1996) "Prevention of Suicide : Guidelines for the Formulation and Implementation of National Strategies"

United Nations (2012) "Public Health Action for the Prevention of Suicide"

Wyman, P.A., Brown, C.H. & Inman, J. et al. (2008) "Randomized trial of a gatekeeper program for suicide prevention : 1-year impact on secondary school staff." Journal of Consulting Clinical Psychology, 76, 104-115.

第3章

自殺危機初期介入スキル

○○○○○

第1節　初期介入のポイント

　自殺予防のためには、自殺の危機にある人への適切な初期介入が必要です。そこで、初期介入のできる人材を養成することが必要とされています。

　自殺危機にある人への初期介入には、どのようなスキルが必要とされるでしょうか。自殺危機にある人への対応は決して簡単なことではなく、繊細な配慮や粘り強さ、そして時に臨機応変な対応が必要で、一筋縄ではいきません。それでもこれまでに共通の理解を得られているポイントがありますので、それらを中心にお伝えしていきます。

　自殺危機にある人への初期介入では、複数の要素を、「一連の流れ」として理解しておくと良いです。ここでは自殺危機にある人への初期介入を、以下の7つの要素に分けて説明していきたいと思います。

表3－1　自殺危機初期介入に必要な7つの要素

1. 自殺に関する考えや信念を確認する
2. サインに気づく
3. 信頼関係を構築する
4. 置かれている状況を把握する
5. 自殺の危険性を測る
6. 安全確保・支える仲間へつなぐ
7. フォローアップ

1. 自殺に関する考えや信念を確認する

(1) 人はさまざまな価値観や考えを持っている

人はさまざまな価値観や考えを持ちます。自殺についても、さまざまな価値観や考えを持ちます。自殺について自分がどのような価値観や考えを持っているかを知ること、支援を必要とする相手もさまざまな価値観や考えを持っていることを理解しておくことが必要です。

支援を必要としている人、つまり、自殺の危機にある人が、自殺の危機状態にあるとき、後ろ向きあるいは、投げやりな考えを持つことも多くあります。

(2) 自殺についての考えや信念を振り返る

自殺に関する考えや信念にはさまざまなものがあります。自殺は、個人の価値観や倫理とも密接に関わる事柄です。自殺に対する個人的な考えや信念を短期間で変更することは簡単ではありません。例えば、「自殺はするべきではない」という考えや信念は、その人の生育歴、生活歴（学歴、職業歴、病歴等）、宗教との関わり、倫理観、死生観などから大きな影響を受けます。それゆえ、異なる考え方や信念を持つ相手に合わせて自分の考えを柔軟に変更することは簡単なことではありません。自分の考えを変える必要は必ずしもありません。異なる気持ちや考えをいったん受け止めればまずは良いのです。

(3) 自殺に関する多くの俗説

自殺に関する考えや信念の中には、自殺に関する知識が不足するために信じられているものが多くあります。支援を必要とする側も多くの人が「俗説」を信じていると言われています。精神保健福祉医療の専門職であっても、自殺についての信念や考えが必ずしも正しいとは限りません。例えば、「死ぬ、死ぬ、という人は自殺しない」という考えや、「相談面接場面で自殺の話題に触れると、自殺を誘発してしまう」などの考えは、WHO（世界保健機関）の「カウンセラーのための手引き」でも指摘されているように、多くの人が「本当である」と信じています。しかし、そのような考えの根拠はな

く、「俗説」であり、誤りとされています。

　WHOの自殺予防の手引きシリーズ「カウンセラーのための手引き」では、自殺行動についてよく耳にする俗説を10あげていますのでここに紹介します。これらの俗説は全て「誤りである」とされています。なお、この自殺予防の手引きシリーズは、横浜市立大学精神医学教室で訳され、Webサイトにて提供されています（WHO, 2000 = 2007）。

表3－2　自殺行動についてよく耳にする俗説 (注：すべて「誤り」であるとされています)

①自殺について語る人は、他人の注意を引きたいだけなので自分自身を傷つけることはない→✕
②自殺は常に衝動的で、警告もなく起こる→✕
③自殺をしようと考えている人は本当に死にたいと思っているし、死ぬことを決意している→✕
④人が改善のしるしを示したり自殺企図から生還した時には、彼らの危機は去っている→✕
⑤自殺は遺伝する→✕
⑥自殺企図者や既遂者は、すべて精神疾患を患っている→✕
⑦もしカウンセラーが患者と自殺について話をすると、患者に自殺念慮を引き起こすことになる→✕
⑧自殺は"一部の特別な種類の人々"にだけ起こるもので、自分達には起こらない→✕
⑨人がいったん自殺企図を試みたら、その人は二度とそれを試みることはない→✕
⑩子どもは、死の結末をきちんと理解していないし、自殺行為を実施するだけの認知的な能力がないために自殺はしない→✕

　これらの自殺についての誤った認識により、カウンセラーは自殺傾向のある人を対象に仕事をすることに不安を感じたり準備不足と感じたりするかもしれないし、こういった人に対処するための効果的なカウンセリングの技法を開発しなければならない。自殺の危機介入についての情報、トレーニング、そして経験は、カウンセラーの能力を高める。トレーニングは、他者の強い感情に穏やかで寛容に対応する能力を高め、カウンセラーの防衛や受動性を減らし、解決されない悲嘆の問題を乗り越えるといった内容を含むべきである。さらに、危険因子の認識と危機的状態の理解が、カウンセラーにとって非常に大切な取り組みとなる。

出典：世界保健機関 (WHO) (2000=2007) 自殺予防「カウンセラーのための手引き」（日本語版初版、監訳：河西千秋、平安良雄、横浜市立大学医学部精神医学教室より）

(4) 自殺に関する正しい知識を得る

　表3-2にあげた考えは、自殺に関する知識が不十分なための思い込みとされています。これらの考えは、正しい知識を得ることによって、変更することが可能と思われます。専門職であっても、自殺に関する考えや信念を振り返り、確認することはとても重要です。

　専門職に質の高い研修が提供されても、受講者に自殺企図歴があったり、「自殺は個人の権利だ」という信念を持っていたりすると、研修の受講後も自殺危機介入スキルのレベルは低いままにとどまり、研修効果が現われにくかったという調査結果があります（Neimeyer et al., 2001）。

　しかし、専門職が適切な訓練を受けた場合、自殺危機への対処の訓練レベルが高く、自殺企図者の支援を担当した経験が多く、「死」の受け止め方が柔軟であればあるほど、自殺危機介入スキルのレベルが有意に高くなったと報告されています（Neimeyer et al., 2001）。このようなことからも、専門職も自殺に関する信念や考え方を振り返る意味があるのです。

(5) 相手の気持ちや考えをいったん受け止める必要がある

　一方、自殺危機にある人は、自分とは異なる価値観や考えを持っています。人の話を聞くとき、相手の気持ちや考えをいったん受け止めることが大切です。危機的な状況にある人の話を聞くときはなおさら、どのような気持ちも、どのような考えも、まずは、いったん受け止める必要があります。カウンセリング入門や、ケースワークの基礎を学ぶと、人の考えや気持ちを受け止めること、つまり「受容」の大切さを学びます。多くの人が受容の重要性を知っています。人は、自分の考えや気持ちを頭ごなしに否定されたり、非難されたりしない、とわかったときに初めて心を開くものです。そのため、「相手の気持ちをいったん受け止める」ことは信頼関係を築く基礎なのです。

　自殺危機にある人の場合も、相手の考えや気持ちがどのようなものであっても「いったん受け止める」必要があります。自殺危機にある人の場合、「悩んでいるのです」「困っています。話を聞いてください」など、受け止めやすい気持ちや考えを吐露するばかりではありません。「自殺が唯一の解決方法だ」「楽になるには自殺するしかない」、あるいは、「自分なんて生きている価値がない」「自分にはもう将来がない」など、支援者側の考えと相容

れないような、視野の狭い、後ろむき、あるいは投げやりな考えになっていることもあります。
　このような考えや気持ちであっても、まずはいったん受け止めなければなりません。

（6）自分が「正しい」と思っている人は要注意
　多くの人は、「自分は聞き上手だから相手の気持ちや考えを受け止めることができる」と自己評価し、できているつもりでいます。ところが、自分の価値観や考えが「正しい」と思っている人は要注意です。支援者が自分の（正しいと確信を持っている）考えを押しつけるだけのとき、たいていの人（危機にある人）は心を閉ざし、本心を言わなくなってしまいます。
　私はこれまでの経験の中で、社会の中で有用な役割を担っている人、あるいは、組織の中で仕事のできるタイプの人に、自分の正しいと思っている考えを押しつけてしまう人が多くいることに気づきました。また、ボランティアとして活動されている人の中にも、相手の話を受け止めずに、ふたことめにはご自分の意見や価値観を相手に伝える人がけっこうおられることに気づきました。
　これらの人の共通点は、「自分は正しい考えを持っており、相手にそれを伝えるだけだ」と悪意のないところです。

（7）自分の考えが正しくても
　人を支援しようとするとき、自分の価値観や考えを押しつけるだけでは、本当に支援を必要とする人たちの支援はできません。
　自殺を考えるほどに追い詰められているときに、どれだけ、「正しい」考えを伝えられても、信念を持って言われても、「ああ、この人には、自分の苦しみはわからない」と、自殺の危機にある人は心を閉ざしてしまうものです。
　支援者側が「自殺を解決手段にしてはいけない」や「自殺をして楽になるなんてことはない」「家族や周りの者が悲しむから、自殺をしてはいけない」「借金なんかで死ぬ必要はない」「死ぬ気になれば、何でもできる」などの考えを持っているときに、その考えを相手に伝えるだけでは、支援になりませ

ん。そのような考えの押しつけや説教は、相手の気持ちを閉ざしてしまい、相手を追い込んでしまうことにもつながりかねません。

繰り返しになりますが、人は、自分の考えや気持ちを頭ごなしに否定されたり、非難されたりしない、とわかったときに初めて心を開きます。そこで、「相手の気持ちをいったん受け止める」ことが必要です。

(8) 常に実践することは簡単ではない

実践は意外と難しいです。「自分は人の話をよく聞く」「自分は多くの人の考えを受け入れることができる」と自己評価していながら、相談援助の場面で、自分の考えを押しつけたり、相手の考えや気持ちを否定したりしてしまう人は多くいます。対人援助の専門職でも、「自分の考えは正しい」と確信を持っていることがらについては、会話の中で、無自覚に自分の考えを相手に押しつけてしまうことがあります。多くの人は、「正しい」と思っている自分の考えを相手に伝えたことが、「考えの押しつけ」あるいは「相手の考えや気持ちの否定」であることに気づかないでいます。そのためにも適切なスキルを身につけることが必要となります。

2. サインに気づく

(1) サインはわかりやすいものばかりではない

自殺の危機にある人は、何らかのサインを表していると言われています。しかし、自殺のサインに気づくことは、簡単なことではありません。自殺のサインは、わかりやすいものばかりではありません。行為やセリフなど、明示的に示されるものもありますが、態度や表情など、何となく気になってもサインとは思いもしないようなことも含まれます。家族など身近な人には、決してサインを表さないようにしていたのではないか、と思われる人もいます。

例えば、
① 何度も友人に携帯で電話をかけ、相手の状態を気遣う。自分の相談ごとはしない（20代男性）
② 朝、家族（親）が出かけるのを極端に嫌がり、引きとめようとする

(10代女の子)
③　何年も音信のなかった遠方に住む友人が、突然、こちらの最寄りの駅から電話をかけてきて、こちらの安否を気遣う。会う提案などをするわけではない（50代男性）
④　駅のホームで電車を待ちながら黙り込み「さわやかな風がふいていますね」とつぶやく（20代男性）
⑤　「しばらく一人にしてほしい」と親しい人に懇願する（20代女性）
⑥　友人と外食中、動作がゆっくりとなり、同じ話（悩み）を繰り返し話し続ける（20代男性）など。

　具体的に上記のような行為やセリフのあった人が、直後に残念ながら自殺により命を落とされています。いずれも周囲の人は「わかりやすいサイン」はなかったと報告しています。しかし、「いつもと様子が違うな」というような気づきはあったのではないかと思われます。

（2）半数強の人は前の月に病院・クリニックを受診

　WHO（2000=2007）によると、自殺をしてしまった人の40～60％が、自殺の前の月に病院やクリニックを受診していました。多くの人は、精神科医よりもプライマリ・ケア医（注：地域の内科のかかりつけ医に近い概念）を受診していました。一方、張（2006）による、日本の大学救命センターに搬送された自殺してしまった人を対象とした調査（93例）では、少なくとも26％（24例）が自殺前約1か月以内に精神科以外の診療科を受診していました。そのうち同時に精神科治療を受けていた人は3例のみでした。全体の55％が過去に精神科受診歴を有し、46％は自殺時に精神科治療継続状態でした（p113-137）。

　また、WHO（2000=2007）によると、発展途上国においても、先進国においても、自殺してしまった人の80～100％に何らかの精神疾患が認められたそうです。気分障害（注：いわゆるうつ病、そううつ病等）などをもつ人が一生の間に自殺する危険性は6～15％、アルコール依存症の人では7～15％、統合失調症の人では4～10％と推定されています。日本でも張（2006）の調査で、89％が自殺時に何らかの精神障害の診断がつく状態であり、うつ病圏が全体の54％、統合失調症とその類縁疾患が26％、アルコール・薬物依存症

が6%と報告されています。

　なお、平成23年度自殺対策白書では、世界保健機関（WHO）国際共同研究による国内の調査が報告されています。その報告によると、総合病院の内科の外来受診をした人から、無作為抽出した1,555人を精神科医が診察したところ、精神科医がうつ病と診断した患者のうち、内科医がうつ病と診断した患者の割合は19.3%にすぎなかったそうです。このように、うつ病の患者の多くが医療機関にかかっているにもかかわらず、適切な診断がなされていないことも問題とされています（内閣府，2011）。

（3）うつ病の判断

　うつ病は、セルフチェックできる短い質問票も開発されています。ここでは、PHQ-9日本語版を紹介します（次ページの表3-3）。うつ病の診断にどのような項目が関連するかが理解できます。うつ病の診断と治療は専門家にゆだねるべきですが、ゲートキーパーが適切な医療サービスにつなげようと思うとき、一定の知識を有していることは有用です。

（4）気づいた人が声かけをしないとわからない

　自殺危機にある人では「うつ病」が代表的な精神疾患です。そこで、前述のセルフチェック票の第3項目にも関係する、「2週間以上よく眠れていない」などの代表的な症状を確認することは、サインに気づくための第一歩になります。うつ病であっても、皆が自殺を考えるわけではありませんが、サインに気づく可能性は高まります。

　うつ病の代表的な症状とされる、よく眠れない、食欲がない、興味がわかないなどの症状も、見ただけではわからないことが多いです。「疲れているかな」くらいは気づくのですが、疲れているように見える人が皆、うつ病に該当するわけではありません。そのため、誰かのことを「疲れているな」と気づいても、それがうつ病の症状だと断定できる人はいないでしょう。一方、よく眠れないこと、食欲がないこと、興味がわかない、などの状態を、自ら訴え出る人は少ないです。そこで、誰かが「そのような状態にあるかもしれない」とまず気づくことが必要です。その上で、思い切って、本人にそのような状態にあるか否かを尋ねてはじめて確認できます。

表3－3　こころとからだの質問票

こころとからだの質問票

監修　上島 国利 先生（国際医療福祉大学 教授）
　　　村松 公美子 先生（新潟青陵大学大学院 臨床心理学研究科 教授）

この2週間、次のような問題に
どのくらい頻繁（ひんぱん）に悩まされていますか？

	全くない	数日	半分以上	ほとんど毎日
1 物事に対してほとんど興味がない、または楽しめない				
2 気分が落ち込む、憂うつになる、または絶望的な気持ちになる				
3 寝付きが悪い、途中で目がさめる、または逆に眠り過ぎる				
4 疲れた感じがする、または気力がない				
5 あまり食欲がない、または食べ過ぎる				
6 自分はダメな人間だ、人生の敗北者だと気に病む、または自分自身あるいは家族に申し訳がないと感じる				
7 新聞を読む、またはテレビを見ることなどに集中することが難しい				
8 他人が気づくくらいに動きや話し方が遅くなる、あるいはこれと反対に、そわそわしたり、落ちつかず、ふだんよりも動き回ることがある				
9 死んだ方がましだ、あるいは自分を何らかの方法で傷つけようと思ったことがある				

※上の 1 から 9 の問題によって、仕事をしたり、家事をしたり、
他の人と仲良くやっていくことがどのくらい困難になっていますか？
全く困難でない □　やや困難 □　困難 □　極端に困難 □

（半分以上）（ほとんど毎日）が5つ以上の場合"こころ"や"からだ"が
不調になっている可能性があります。まずは医療機関に相談して下さい。

"こころとからだの質問票"はPRIME-MD™ PHQ-9の日本語訳版です。
PHQ® Copyright © 1999 Pfizer Inc. 無断転載を禁じます。PRIME-MD™および"PRIME MD TODAY"™は、ファイザー社の商標です。

　なお、そのような状態に至るには、たいていの場合、何らかのきっかけがあります。何のきっかけもなくて、よく眠れない、食欲がない、興味がわかない、などの状態に陥る人は多くはありません。そのような状態に陥るには、さまざまなきっかけがあります。
　ゲートキーパーとなる人は、自殺の危機にある状態になる可能性のあるさまざまなきっかけを知り、その上で自殺を考えるほどに追い詰められるに至る気持ちを想像する力を持つことが必要です。これまで私たちのワークショップの参加者の中には、ワークショップ開始当初、率直に「自殺しようとする人の気持ちがわからない」「なんで自殺しようとするのか想像できな

い」と発言する人がいました。保健福祉医療の専門家の中にも同様の発言をする人がいたので驚きました。このような認識は残念です。わからないなりに「わかろう」とすることが大切です。ゲートキーパーとなる人は、人の状態や気持ちに対する想像力や共感力を持つ必要があります。

（5）さまざまなきっかけや理由があることを認識する

　自殺の危機にある状態になるには、さまざまなきっかけがあります。身体的・心理的・社会的状態のあらゆる要素がきっかけになり得ます。その上、複数のきっかけが複合的にからみあって、自殺に追い込まれることが多いです（注：数年前まで、政府〈警察庁〉の自殺の統計資料では、自殺の理由は、一人につき一つのみ集計されてきました。そのような統計のとり方に対しては、批判がありました。そこで、最近になって、自殺の理由は、一人につき複数あげて、集計するようになりました）。

　それでは、自殺のきっかけや理由はどのように多様なのでしょうか。

①身体的側面のきっかけや理由

　身体的な側面だけでも、さまざまなきっかけがあります。例えば、難治性や不治の病、障害を持つこと、痛みを伴う病気などがきっかけになります。アルコール依存症、薬物依存症なども自殺と強い関係を持ちます。また、身体面での自己認識が原因になることもあります。現在の美醜（顔や身体のパーツ）もあれば、過去と比較しての変化（美しさが損なわれた、老いた等）もきっかけになります。

②社会的側面のきっかけや理由

　社会的側面については、家族関係、友人関係（所属集団との関係）などが大きく関係します。家族関係では、夫婦関係、親子関係、兄弟関係、嫁姑・舅との関係などにおける葛藤などがきっかけとなります。暴力を伴うような家族間の葛藤は深刻です。虐待やDVは自殺と強い関係を持ちます。被害を受けた側はもちろん、加害側も自殺する確率が高くなるとされます。一方で、身近な人の喪失体験も強い関係があります。

　友人関係（所属集団との関係）では、学校・職場・地域での人間関係がう

まくいかない、あるいは、悪い方向への変化（いじめ、パワーハラスメント、排除）などがきっかけとなります。恋愛関係における葛藤もきっかけとなります。恋愛できない、恋愛の失敗、不倫などもきっかけとなり得ます。

　社会的関係では、生活の営みとの関係も大きな要因となります。仕事関係、金銭関係、学業関係、就職関係などが大きく関係します。仕事関係では、仕事がうまくいかない、仕事を失う、事業の失敗などがあります。それらと大きく関係することが多いのが金銭関係です。収入がない、収入の道が途絶えたなどは大きな要因となります。また、借金問題、他人の借金を背負うなどは深刻な要因です。また、若い世代では、学業における挫折や就職における挫折が大きな要因となっています。

③心理的側面のきっかけや理由

　上記のような、身体的あるいは社会的側面で問題を抱えると、人によっては、強く追い込まれることがあります。追い込まれると、強い否定的な感情を持つに至ることがあります。中でも、絶望感、無力感、耐えられない孤独感、板挟み感、人の重荷になっている感情などは、自殺と強い関連を持つと言われています（Joiner, Kalafat & Draper et al., 2007）。このような感情は、強い精神的な痛みをもたらします。

　精神的痛みが強くても、緩衝材（バッファー）が十分にある人は、自殺を思い詰めるには至らないこともあるでしょう。緩衝材については後ほど触れていきます。しかし、緩衝材となるような要素を持たない人ほど、自殺を考えるに至ることがあると言われています。

④サインに気づく

　自殺の危機にある人は、何らかのサインを示すと言われています。それは、せりふ、態度、様子、行動など、見落としてしまいがちではあるものの、普段のその人を知っている人であれば、「いつもと異なる」と感じることであったりします。

　また、普段のその人を知らない人であっても、せりふ、態度、様子、行動、身体症状、感情表現などについて、「何だか心配だな」と気にかかったら、思いきって声をかけようと思うことが必要です。例えば、自殺多発地域で自

殺予防の活動でパトロールされている人たちは、見知らぬ他人の態度、様子、行動をみて判断して思い切って声をかけておられます。まさに、自殺予防のゲートキーパーに求められる行動をされています。

⑤**性別や年齢による傾向を知っておく**
　自殺に至るきっかけや理由は、性別・年齢にかかわらず生じるものもありますが、男女・年齢層によって傾向がみられるものもあります。例えば、女性より男性のほうが、仕事関係や金銭関係の課題を抱えて自殺を思い詰めることが多いでしょう。一方、男性より女性のほうが、育児や義理の親子関係の課題を抱えることが多いでしょう。また、年齢の高い人よりは、若い人のほうが、学業や就職関係の課題を抱えて自殺を思い詰めることが多いでしょう。一方、年齢の高い人のほうが喪失体験や病気に関する課題を抱えることが多いでしょう。
　自分と異なる性、年齢層の人の支援をするときは、自分とは異なるものの見方や考え方を持つことが多いことを前提に、想像力と共感力をもって話を聞く必要があります。自殺に至るきっかけや理由は、性別・年齢に傾向がみられるとはいえ、多種多様であることに変わりはありません。

⑥**地域でアンテナをはっている人がいることが大切**
　自殺のきっかけやサインは「これさえ気をつけておけばいい」というものはありません。そこで、地域で自殺の危機にある人と接する機会の高い人が、ゲートキーパーとして、「気づこう」とアンテナをはっていることが大切です。忙しくても、サインを見逃さないようにしようと思っている人が多いことが大切です。

3. 信頼関係を構築する

（1）**自殺危機にある人の特徴の理解**
　信頼関係を構築する前提として、自殺危機にある人によく見られる特徴を理解しておくことは大切です。これらのポイントを①両価性、②視野狭窄、③精神的痛み、④生きる理由を探したい、として説明します。

①両価性
　自殺の危機にある人は、相反する2つの気持ちを同時に抱いています。そのような状態を「両価性（アンビバレント）」といいます。確かに「死にたい」と思っているのですが、同時に「生きたい」と思っています。そこで、自殺の危機にある人のこの両価性を理解することは大切です。両側の気持ちを理解し、まずはそれぞれに寄り添います。ただし、全体のやり取りを通しては、「死にたい」気持ちを支持し強化するのではなく、「生きたい」気持ちに働きかけ、サポートし、強め、支援していきます。

②視野狭窄
　自殺の危機にある人は、視野が狭くなり、ものごとを一方的にしか見られなくなっていると言われます。そのような状態を視野狭窄（きょうさく）といいます。客観的には、解決可能な問題を抱えていても、あるいは、「死ぬ」という選択をするほどの大きな問題ではないように思えても、唯一の選択肢が自殺であると思い込んでいたりします。これを「暗くて長いトンネルの中にいるよう」と表現する人もいます。そこで、自殺の危機にある人の、この視野狭窄にある状態を理解し、そのような状態から脱出して、視野の開かれた状態になるように、サポートし、支援していきます。気持ちに寄り添いつつも、最終的には選択肢が他にもある、死ぬ以外の方法がある、という方向へ働きかけをしていきます。

③精神的痛み
　自殺の危機にある人は、精神的痛みの理解をされたい、と思っています（シュナイドマン, 1985 = 1993）。そのため、ゲートキーパーは、初期介入のときに、まずは精神的痛みの理解をしようとすることが特に大切です。死のうと思うほどに追い詰められている、その状態、考え、気持ちを理解することが大切です。
　具体的には自殺の危機にある人の、絶望感、無力感、耐えられない孤独感、板挟み感、人の重荷になっている感情などを理解することが特に大切です。そして、そのような気持ちへ的確に共感しようとしていることが、相手に伝わるようなコミュニケーションをする必要があります。

精神的痛みを理解していることを伝えようとするとき、「つらいですね」「大変ですね」など大雑把な気持ちの理解にとどまり、マニュアル本をそのまま復唱しているような応答にならないことが大切です。
　また、自殺の危機にある人が抱える課題が把握できているとき、精神的痛みの理解を十分にする前に解決策の提示をしてしまう人がいます。しかし、解決方法の提示や、他の人や機関に相談に行くことを説得する前に、十分に精神的痛みの理解をしようとしていることを伝えることが大切です。そうすることによってはじめて信頼関係の構築ができます。

④**生きる理由を探したい**
　自殺の危機にある人は、生きる理由を探したい、と考えています。自殺の危機にある人は、もう、自分にはこの世にとどまる理由がない、あるいは、とどまらないようにするべきである、と思い込んでいることがあります。一方で、どこかで生きる理由、生きる意味を見いだしたい、と考えています。そこで、ゲートキーパーとなる人は、初期介入をするときに、生きる理由を共に探そうと努力します。この世にとどまるための理由が見つかれば、死なない決断をできるようになります。
　以上のような状態にあることを理解した上で、初期介入をしていく必要があります。

（２）**信頼関係の構築の大切さ**
　人の相談を受けたり、支援をしたりするには、まず、信頼関係を築くことが大切です。人は、「この人であれば話をしてもいい」と思ってはじめて、心を開示するものです。逆に、「この人は信頼できない」「この人はどうせ自分の話を聞こうとしまい」と思うと、心を閉ざすものです。地域で活動するゲートキーパーは、「先生、悩みがあるんです、聞いてください」と言ってくるような、能動的で従順な相談者の相手をするばかりではありません。だからこそ、信頼関係を築く高度なスキルを身につける必要があります。信頼関係を築くスキルは、講義を受講して頭で理解しただけで誰でもすぐにできるようにはなりません。
　信頼関係の質は、その後の支援の結果にも大きな影響を与えることが明ら

かにされています。一般の相談支援関係において、被相談者がどのような方法・アプローチを用いるか、などの要素と比較しても、「信頼関係の質」がその後の相談者への支援効果により大きな影響を与えることが明らかにされています（Lambert, 1992）。

　自殺の危機にある人の理解を深めるためには、その人の精神的痛みを十分理解し、信頼関係を構築していく必要があります。信頼関係を構築していくためには、受容し、共感する力が求められます。実際に信頼関係を構築していくときには、さまざまなスキルを用いていきます。信頼関係を構築するために必要なスキルは、これまでにもさまざまに紹介されてきています。ここでは、対人援助のアプローチとして科学的にもその有効性が認められている動機づけ面接（Miller & Rollnick, 2002）で紹介されているスキルの一部を中心に説明します。具体的には、①開かれた質問、②肯定する、③共感的反映、⑤キーワードを繰り返す、④まとめるなどです。

①開かれた質問

　開かれた質問とは、「はい」「いいえ」では答えられない質問です。開かれた質問の反対語が閉ざされた質問です。閉ざされた質問は、「はい」「いいえ」で答える質問です。例えば、「あなたはきっと大丈夫ですよね」と問われると、「はい」と答えるか、「いいえ」と答えることになります。そのため、「あなたは大丈夫ですよね」は閉ざされた質問です。閉ざされた質問は、その後の会話の広がりにつながらない傾向にあります。

　閉ざされた質問は、こちら側の価値観の押しつけになりがちになります。例えば、「まさか、あなたは、いなくなったりしないわよね？」という問いは、「はい」か「いいえ」で答える質問です。こちら側が、「いなくなるわけない」と考えていることがにじみでています。一方、「これからどうしよう」とか、「どこへ行こうと思っているの？」という問いは、「はい」か「いいえ」で答えられない質問です。答える幅があるため、その後の会話につながっていきます。

　「はい」「いいえ」では答えられなくても、答えが一つしかない質問も、その後の会話の広がりにつながりにくいです。例えば、「今日の朝食は何を食べましたか」「あなたはいくつですか」「あなたの出身地はどこですか」など

は答えが一つしかありません。相談者は、ポツリと唯一の解答を答えるだけになりがちです。

一方、「体調はどうですか」と問われると、人は「はい」か「いいえ」では答えられません。これは、開かれた質問です。答えにはいくつもの選択肢が出てきます。「ものすごく体調が良いです」と答えることもできます。「最低の体調です」と答えることもできます。また、「まあまあです」や「そこそこです」とも答えられます。このように、答える側に答える幅のある質問が、開かれた質問です。

会話のはじめほど、このような、開かれた質問をしていくことが大切です。そうすることによって、自殺危機にある人が少しずつ話をしはじめるペースに寄り添うのです。

②肯定する

肯定するとは、ここでは、「相手の気持ちや考えを認め、いったん受け止め」ることをいいます。このとき、こちらの価値判断を押しつけないことが大切です。

自殺の危機にある人の考えや価値観は、必ずしも支援する側と同じではありません。時には、厭世的であったり、後ろ向きであったり、反社会的であったりすることもあります。相手が自分とあまりにも異なる考えや価値観を持っているとき、相手の話をいったん受け止めることさえ難しいと感じることもあります。

特に、自分の考えや価値観が「正しい」と思っている人は無意識に「肯定しない」ことを繰り返していることがあるので注意が必要です。自分の考えや価値観のほうが、社会的に受け入れられやすいものであるとき、人は、安易に相手の考えや価値観を否定したり、無視したりして、自分の考えや価値観を押しつけようとします。

そこで自殺危機にある人への初期介入では、どんな考えや価値観であっても、自分と異なるものであっても、意識的にいったん肯定していきます。このことにより、相手に、「この人は、自分の考えを押しつけようとしない」と伝わります。人は、相手が自分の価値判断を押しつけないとわかってはじめて心を開いていくものです。

③共感的反映

　共感とは、相手の立場であったらどんな気持ちになるかを想像し、その気持ちを感じ取ろうとすることです。共感は、想像したり感じたりする、支援者側の内面的な動きになります。共感をするには、相手の立場やそれに伴う気持ちを想像する力が必要です。繊細なレベルの感情を感じ分けることができればできるほど、共感する力は高いとされます。「たいへん」「つらい」「しんどい」の３つの感情にとどまらず、もう少し繊細なレベルの気持ちを想像できるようになることが望ましいと思います。「たいへん」なのは、追い込まれているのか、圧倒されているのか、絶望感なのか、板挟みになっているのか。「つらい」や「しんどい」のは、孤独だからか、はがゆいのか、うまくいかないからか、他に道がないように感じるからか、無力感にさいなまれているからか。「たいへん」「つらい」「しんどい」など大くくりできる感情の下にある、繊細な気持ちを想像できるといいです。

　共感は、同情とは異なります。同情は、話を聞いた側の感じた感情です。「気の毒に」や「かわいそうに」などの感情は、人間らしい感情ですが、共感にはなりません。同情はどちらかというとこちらが安全な立場にいるときに感じやすい感情です。

　反映は、相手のことについて想像した気持ちを相手に伝えることです。もともと反映、あるいは反射は、言語で表すことにとどまらず、非言語的コミュニケーションでも行えるし、それが大切だとされてきました。しかし、共感できたということを相手に伝えるには、相手について想像した気持ちを言語化して、相手に伝えるとより強い効果が得られます。

　共感は、「自分の体験の共有」とは異なります。共感的反映をするように促すと、「自分も同じような体験があるよ」とか「私も同じ気持ちになったことがあるよ」など、自分の体験や感情を話す人がいます。しかし、これらは、自己開示です。ピア・サポートや自助グループの場（注：同じような課題を抱えた者同士が支え合うために集まっている場）においては、相談を受けた側が自己開示することに大きな意義があります。しかし、一般の相談の場では、原則として、より適切な応答を優先するべきです。早すぎる自己開示によって、話の焦点がせっかく相談者（自殺危機にある人）に合っていたものを、自分（支援者側）の方へ引きよせてしまうことがあります。話の焦点

が、支援の必要な側から支援しようとしている側へシフトしてしまうと、話が深まらない危険性が高いのです。

④キーワードを繰り返す

　キーワードを繰り返すとは、相手の話の中のキーワードとなる言葉を繰り返すことです。自殺危機にある人が話をはじめると、生活状況や、身体・心理・社会的な状況について話をしてくれることもあります。このとき、まずは、あいづちを打つことが大切です。ただ、あいづちだけではなく、あいづちの代わりに、相手の話の中のキーワードとなる言葉を繰り返すことが効果的です。このとき、キーワードの語尾をあげないこと、そして、中立的に話すようにします。「治療が……」「ご家族に……」「職場の上司が……」「夜中の3時……」「ホームの空き……」など、話題の中心となるキーワードを繰り返すことにより、支援者の言葉が相手の耳に入り、「話をよく聞いてもらっている」ということが伝わります。

⑤まとめる

　まとめるとは、相手の話の要約することです。自殺危機にある人が、自分の生活状況や、身体・心理・社会的状況などについて話をしてくれたときに、相手の話を要約して、一段落させるときに行います。まとめた内容を相手に話すことで、こちら側が相手の話を的確に理解しているかどうかを確認します。相手が補足して説明したいことがあれば補足してもらい、また、誤って理解された部分があれば、訂正してもらうなどのやりとりをして、お互いの理解を深めます。

　例えば、「そうすると、収入が〇〇な状態で、体には〇〇の病気を抱えておられて、家族には〇〇のような扱いを受けておられるように感じておられるのですね。それで、気持ちが〇〇となって、追い詰められた気持ちになってこられたのですね」などと、相手の話の内容を要約し、言葉で示します。自殺危機にある人に支援者の言葉が耳に入り、頭の整理に寄与することもあります。なお、ここで示した例は長いものですが、ある程度まとまって話された内容があれば、そのたびに短くまとめて返すといいです。

（3）傾聴だけでは十分ではない

　カウンセリングなどの基本を学ぶと傾聴が強調されます。傾聴（心を傾けて相手の話を聞くこと）はとても大切なことです。しかし、傾聴だけでは、自殺危機にある人の対応の仕方としては十分ではありません。

　例えば、任意で自殺の危機介入のスキルを学ぶ研修を受けたグループと、傾聴・共感を学ぶピア・カウンセリング研修のみを受けたグループをコントロール群として比較したところ、傾聴・共感中心の研修を受けた者では、自殺危機にある人への介入スキルは不十分であったと報告されています（Stuart e el., 2003）。

　また、ミシャーラら（Mishara et al., 2007a）は、全米の自殺ホットラインの電話相談（2,611件）をモニター調査し、相談員の言動について得られたデータから、「支持的アプローチと良い信頼関係」「協働的問題解決」「傾聴」「してはならない応答」の4因子を抽出しています。

　ミシャーラら（Mishara et al., 2007b）は、別の研究で、これらの4因子のレベルの評価、相談員の相談内容の「共感」「尊重」「方向性を示す」の程度と、相談者の感情や状態の改善状況との関係を分析しました。その結果、「支持的アプローチと良い信頼関係」の因子及び「協働的問題解決」の因子は、相談者の「改善」と強い相関関係がみられました。しかし、「傾聴」の因子は相談者の「改善」との相関関係がみられませんでした。

　さらに、相談員の相談内容では、「共感」「尊重」の評価が高いほど、相談者の改善状況が良いとの結果がみられました。

　また、「方向性を示す」については、「相談者の話の流れに合わせて話を聞き、支援者は全く方向性を示さない」から「支援者が方向性を示して話を聞く」の5件法による評価を、「支援者は方向性を示さない」「両者の混合」「支援者が方向性を示す」の3段階に集約して分析しています。その結果、「両者の混合」タイプの相談の受け方が、最も相談者の改善につながりました。続いて「支援者が方向性を示す」が相談者の改善につながっていました。「支援者は方向性を示さない」相談の受け方は、相談者の改善にもっともつながりにくいという結果が示されました。

　これらのことから、協働的問題解決、あるいは支持的アプローチをもとにした信頼関係の構築を行うと、相談者の感情や状態の改善はみられやすいこ

とが示唆されました。一方、傾聴だけでは相談者の感情や状態の改善がみられないことが示唆されました。

また、相手の話の流れに沿って話を聞くばかりよりは、相談を受ける者が一定の方向性を示すような面接をしたほうが、相談者の改善がみられる、という調査結果となりました。自殺危機にある人への介入では、傾聴だけでは十分な効果が得られないことが示唆されます。

4. 置かれている状況を把握する

（1）置かれている状況を把握する

　ゲートキーパーとなる人が、「なんだか気にかかるな」と感じたら、その人と、前項目で示したようなスキルを活用しながら信頼関係を構築します。ゲートキーパーが共感的で非審判的な（自分の価値判断を押しつけない）態度をとりつづけると、多くの場合自殺危機にある人は、心を開いて話をしてくれます。

　ジョーフ（Joffe, 2008）は、自殺危機にある人（未遂者を含む）に対する初期の面接で、アセスメントを中心にする重要性を指摘しています。自殺のリスクとともに、自殺企図時の状況や環境をまずはアセスメントし、考え、感情の再構築を支援することの大切さを指摘しています。その上で、生育歴などを把握することが大切であると説明しています。

　ゲートキーパーは、自殺危機にある人の置かれている状況を把握するように努め、自殺を考えるに至ったきっかけや理由、現在の問題の状況を把握することが大切です。自殺は複合的な問題とされています。自殺危機にある人の多くは、悩みごとをひとつだけ抱えているのではなく、主たる悩みの他に、複数の苦難や困難を抱えています。ゲートキーパーは、自殺危機にある人の置かれている状況の多面性と時間軸を意識しながら状況把握をしていきます。

（2）きっかけや理由の把握

　自殺を考えるに至るには、何らかのきっかけや理由があります。自殺危機にある人が心を開きつつあれば、どのような支援がその人に必要かを知るために、自殺を考えるようになったきっかけや理由をたずねていきます。

相手の様子をみながら、何がきっかけで追い詰められたような気分になっているのか、など、質問を掘り下げていきます。多くの人は、主に課題となっていること（例えば、収入減、学業不振、人間関係の破綻、排除されている経験など）をあげてそのことについて悩み、話をしてくれます。

　一方、きっかけや理由は複合的なことが多いです。そこで、主たる課題がある程度明らかになった後、その人が、他の領域においても、葛藤を抱えていないかも確認していきます。自殺は複合的な問題なので、主たる課題のみの対処をするだけでは、不十分なことも多いからです。

　このとき、意識すると良いのは、①身体的状況（病気や障害等）、②日中活動に関する社会的状況（仕事、学校、通所している機関等）、③インフォーマルな関係に関する社会的状況（家族、友人関係、地域の人との関係など等）、そして、④経済的状況（収入、借金等）に関する問題や葛藤の有無を聞いてみることです。

　なお、この時点では、自殺危機にある人がどのような問題に悩み、葛藤しているのかを把握するために質問をしている段階です。そこで「家族には相談したの？」などの質問はまだ避けるようにしたほうが良いようです。相手の課題をある程度把握する前の早い時期にそのような質問をすると、「私ではなく、他の人へ相談したらいいのに」というメッセージを相手に伝えてしまいます。せっかく信頼関係を構築したおかげで（親しくないかもしれない）人に重い口を開いて相談をはじめてくれているのですから、その人の抱えている課題を包括的に把握していきましょう。

（3）現在の状況の把握

　置かれている状況を把握するためには、前項で明らかになった問題や葛藤を抱えている領域の「今現在」の状況を把握することも大切です。問題や葛藤を抱えている領域が、病気や障害である場合は、今現在の体調、痛みの有無、睡眠、食欲や意欲の程度や頻度をたずねます。学校や職場などに関することである場合は、その問題の現在の深刻さや困難さをたずねます。家族や友人関係のトラブルである場合は、今、家族や友人との関わりの程度や質などをたずねます。収入がなくなったのであれば、生活が成り立っているのかどうか、借金であれば、借金額はどの程度なのか、返済によって借金額が減

りつつあるのか否かなどをたずねます。このように、トラブルや葛藤を抱えている領域が把握できたら、現状を具体的にたずねると良いのです。

（4）問題や課題を立体的に把握する

　問題や課題は、立体的に把握することが大切です。問題や課題は、時間の流れの中で少しずつ大きくなり、今現在に至ることが多いです。そこで、まず問題や課題が生じた起点を把握します。起点がわかると今に至るまでの期間の長さがわかります。そして、はじめの頃の状況と、今現在の状況の両方についてたずねます。状況は程度、頻度などをたずねて把握します。このようにたずねると、問題や課題を立体的に把握できます。例えば、不眠などの体調不良であれば、いつ頃から眠れないのか、そして、はじめはどの程度の不眠だったのか、それが今はどの程度の不眠なのか、を把握することによって期間とはじめと現在の状況がわかり、不眠の状態を立体的に把握することができます。

（5）状況の把握をして、「心配だな」と感じたら

　信頼関係を結び、その人が心を開き、置かれている状況について開示してくれたら、支援者は「この人大丈夫かな」とか「心配だな」と感じることがあります。とくに、うつ病の代表的な症状にいくつも該当するとなおさらです（注：うつ病のセルフチェックシート〈57ページ〉など参照）。「大丈夫かな」「心配だな」というこちらの気持ちの中には、「死んでしまったりしないかな」という気がかりやおそれが入っていることが多いです。その気がかりやおそれの感覚を無視しないでください。あなたがせっかく感じ取った、「大丈夫かな」「心配だな」という気かがりやおそれは、正当な気がかりやおそれであることが多いのです。

　そこで、自分の「心配だな」という気持ちを、自殺のリスクアセスメントに活かしていきます。

5. 自殺の危険性を測る

（1）自殺のリスクアセスメントの大切さ

自分の「この人、自殺など考えていないか、心配だな」という感覚が出てきたら、自殺のリスクアセスメントを行います。

ジョイナーら（Joiner et al., 2007）は、全米120の自殺予防電話相談の標準モデルを打ち立てるプロジェクトで網羅的な文献調査を行い、自殺のリスクのアセスメントに必要な要素をとりまとめています。自殺のリスクを把握していくためには、自殺の要因に関する事実関係の把握、そして、自殺の意図の確認を行うことが大切であると指摘しています。日本においても、これまでのいのちの電話における自殺危険度の評価方法が報告され（原, 1983）、その中でも自殺の意図の確認の必要性が指摘されています。

自殺のリスクをはかるためには、ご本人に自殺の意図があるか否かを確認することが必要となります。

（2）4人に一人（23.4%）は自殺したいと思ったことがあり、20人に一人は1年以内に自殺したいと思ったことがある

人は、起こってほしくないことが起こりそうだという予感を持つとき、「起こるはずがない」と自分にいい聞かせもします。それは人の自殺についても同じです。悩みを持つ人の相談を受けながら、「この人は自殺なんて考えるはずがない」と自分に言い聞かせてしまうことがあります。しかし、内閣府が成人3,000人を対象に実施した調査では、「自殺をしたいと思ったことがある」人は有効回答（2,017人）をした人の23.4%（472人）、つまりほぼ4人に一人で、その2割にあたる22.7%（107人）は「1年以内に自殺をしたいと思った」と回答しました。つまり、回答者の20人に一人は1年以内に自殺をしたいと思ったことがあったということです。自殺を考えることはそれほどめずらしくないということです（内閣府, 2012）。一方、張（2006）が大学病院の精神科受診者（任意で協力を得られた93名：うつ病圏が72名、統合失調症圏が21名）を対象に行った調査では、「死にたくなったことがあるか（希死念慮）」の問いに対して、うつ病圏で78%、統合失調症圏で76%が「ある」

と回答しています。そして「自殺を考えたことがあるか（自殺念慮）」の問いに対しては、うつ病圏で56%、統合失調症圏で57%が「ある」と回答しました。つまり、精神科受診者のうち、半数が自殺という能動的な行動で人生を終わらせたいと考えていたということです（p139-156）。

大丈夫かな、心配だなと感じているのに、「そんなことはあるはずがない」と自分で判断してしまうことは危険です。ご本人に確認せずに、このことを判断することはできません。そのため、ご本人に、「自殺の意図があるか否か」についてたずねて確認することが大切です。

（3）自殺予防相談の専門研修を受けていても自殺のリスクアセスメントが実施できていないことがある

カラファトら（Kalafat et al., 2007）が、自殺防止センターの電話相談にかけられた相談のうち、任意で調査に協力した2,702本の電話を分析したところ、自殺防止センターのスタッフにより1,085名が「自殺の意図あり」、1,617名が「自殺の意図なし」と分類されました。「自殺の意図なし」と分類された者で、フォローアップ調査への協力に同意をした801名に3週間後に調査を行いました。

その結果、52名は「自殺予防の電話相談にかけたときに自分は自殺の意図があった」と回答し、そのうちの27名は「電話の相談員に自殺の意図があることを伝えた」と回答しています。相談員は、これらの者の電話相談を受けながら、自殺の意図の確認や自殺のリスクアセスメントを適切にしなかったことが推察されます。これらの相談者は自殺防止センターへ電話相談をしたために、「かえって気持ちが落ち込んだ」と回答しています（Kalafat et al., 2007）。

このように、専門研修を受けている電話相談員でも、自殺のリスクアセスメントが十分できていない現状も報告されています。自殺の意志があって自殺防止の専門電話に自ら電話をした相談者のうち、7%弱もの人が相談員により十分に「自殺の意図がある」とアセスメントされずに電話を切られていたということです。

これらのことから、知識伝授型の研修や短い研修では躊躇を伴うような、一般にはたずねにくいアセスメントのための質問項目等は、身につけられな

いことが推察されます。そこで、きちんと身につけられる研修がのぞまれます。

（4）自殺を話題にしても自殺を助長することはない

　自殺のことを話題にすると、自殺の後押しをしてしまうのではないかと考えがちですが、それは、誤りであり、俗説です。世界保健機関（WHO）の「カウンセラーのための手引き」では、「もしカウンセラーが患者と自殺について話をすると、患者に自殺念慮を引き起こすことになるというのは誤りである」と強調しています。カウンセラーが、自殺について話をするだけで自殺行動が引き起こされることはないとされ、「実際には、その人の情動の評価やストレスによって引き起こされた状態の正常化が、自殺念慮の軽減のための必須の要素である」（WHO, 2000=2007）としています。つまり、その人の気持ちを受け止め対応することや、生活状況における課題を解決したり、軽減したりすることによってはじめて、自殺の願望や企図がなくなっていくとしています。

（5）自殺を話題にすることにより自殺の衝動性は一時的に下がる

　支援者が自殺企図を疑っているにも関わらず、こわごわ、腫れ物をさわるかのように遠回りの質問しかしないような場合、自殺の危機にある人、つまり、自殺を思い詰めている人は、「自分と正面から向き合う気持ちはないのだな」「はやく他へ相談に行ってほしいと思っているのだな」と感じたりします。

　一方、支援者が思い切って「死のうと考えているの？」「自殺してしまおうと思っていますか？」などとストレートにたずねると、自殺の危機にある人は、「この人は自分の追い詰められた気持ちに向き合おうとしてくれている」と感じ、支援者の真摯な態度を真正面から感じとります。このことは実際に、「自殺危機にある人」のロールプレイを深く行うと実感できます。自殺危機にある人は、自殺しようと思い詰めている中で、支援をしようとする人が非審判的態度とあたたかみを保ちながら、「自殺を考えているか」とたずねてくれると、「そうだ」と自殺の意図があることを認めます。そして、「やっと、ここまで降りてきてくれたか」「ようやく向き合ってくれるのか」

というような、ほっとした気持ちになります。

このように、自殺の意図のある人は、自殺について言葉に出して話すことによって、自殺に対する強い衝動性が（一時的とはいえ）下がると言われています。一時的であっても、自殺に対する衝動性を下げることには意味があり、衝動性が低くなっているうちに、本人の精神的痛みを生じさせている課題の軽減や解決を試み、サポート体制を整え、その人の自殺のリスクをさらに下げていきます。

そこで、自殺のリスクアセスメントでは、ご本人に自殺の意図があるか否かをたずねることがポイントとなります。

（6）自殺のリスクを測る

米国では2005年に政府の助成金を得て自殺危機介入電話相談センターの全国組織が設立され、120箇所のセンターが加入しています。それまで標準化された自殺危機にある人へのリスクアセスメントの項目がなかったため、ジョイナーら（Joiner et al., 2007）は、文献調査と、実践の総合的なレビューを行いました。その結果、3つの要素が自殺のリスクと関係していると整理し、その上で「自殺を防ぐ緩衝材の有無」の要素を追加し、リスクアセスメントの標準化項目を打ち立てました。それは、①「自殺願望（自殺の考え、精神的痛み、板挟み感等）」、②「自殺の可能性（自殺未遂歴、自殺手段の入手の容易さ等）」、③「自殺の意図（準備、計画等）」、④「自殺を防ぐ緩衝材の有無」でした。

なお、自殺願望があり、自殺の可能性が高く、自殺の意思があり、計画がある場合――つまり、最も自殺のリスクが高い場合――どれほど緩衝材があったとしても、リスクが高いことに変わりはないということが強調されています。

そこで、いろいろな整理の仕方がありますが、ゲートキーパーは、可能な範囲で以下のような要素の有無や状態を把握しようとすることが大切であると考えます。

表3－4　自殺のリスクアセスメントに必要な項目

① 自殺の危険因子の有無
② 精神的痛みの度合い
③ 生活歴
④ 自殺の計画の具体性や実現可能性
⑤ 自殺の保護因子（緩衝材）の有無

ここから、これらのポイントに沿って説明します。

①自殺の危険因子の有無

　自殺の危険因子とは、そのような要素（属性など）がない人と比べて、そのような要素を持つ人のほうが、自殺をする可能性が高いとされている要素のことです。まずは、属性や疾患などについて述べます。

　(a)　性別
女性よりは男性のほうが自殺する危険性は高いです。

　(b)　年齢
若い人よりは、中高年層のほうが、自殺によって亡くなっている人の数や割合は高いです。死因順位でみると、前述したように、全年齢で自殺は死因順位の7位です。ただし若年層（20歳から39歳）では、自殺は死因順位の1位です。

　(c)　精神疾患
精神疾患のない人よりは、精神疾患のある人のほうが自殺の危険性は高いです。うつ病、そううつ病、統合失調症、アルコール依存症、薬物依存症などに罹患していると、そのような疾患に罹患していない人と比べて自殺の危険性は高くなります。

②精神的痛みの度合い

　自殺につながりやすい精神的痛みとして、ジョイナーら（Joiner et al., 2007）は次の5つを特にあげています。

　(a)　絶望感
絶望感が強いと、自殺の危険性は高くなります。追い込まれた気持ちや、

追い詰められて他に逃げ場のない気持ちなどが関係してきます。
　(b)　無力感
　無力感が強いと、自殺の危険性は高くなります。自分は何もできないような感覚や、自分には事態を打開する力が全くないような感覚に襲われていると、自殺の危険性は高くなります。
　(c)　耐えられない孤独感
　孤独感が強く、それが耐えられないと感じる状態であると、自殺の危険性は高くなります。この感覚は、身近に人がいるか否かにかかわらず、生じることがあるようです。例えば、家族がいたり、友人などが身近にいたりしても、本人が「孤独だ」と感じる度合いが強いと、それは、耐えられない孤独感になります。人とつながっている感覚が得られないでいると、そのような状態に陥り、客観的には緩衝材となるようなサポートが得られる状態にありながら、自殺してしまう人がいます。
　(d)　板挟み感
　板挟みになっている感覚が強いと、自殺の危険性は高くなります。周囲からの2つ以上の要求が、同時に成り立たないようなとき、間に入っている人は板挟みになっていると感じます。その感覚が強いと、自分ではどうにもならない苦痛を感じることになり、自殺の危険性が高くなります。
　(e)　人の重荷になっている
　人の重荷になっている感覚が強いと、自殺の危険性は高くなります。客観的にどうであれ、人の重荷になっていると本人が感じる感覚は人によって異なります。人の重荷になっていると本人が強く感じていると、そのことから解放されたいという気持ちが強くなり、自殺の危険性が高くなります。

③生活歴

　生活歴も、危険因子の一部としてあげられます。特に、自殺の危険性を高めると明らかにされている生活歴として、自殺未遂歴、自傷行為、喪失体験、他者への暴力、被虐待歴などがあげられます。
　(a)　自殺未遂歴
　自殺未遂の経験は、自殺の最も強い危険因子となります。自殺未遂をしたあと、周囲の人が「二度とこんなことをしないでね」と声かけし、本人が

「わかりました」と応答すると、周囲は自分たちのために安心してしまうことがあります。

しかし、自殺に至った背景の理解、精神的痛みの理解、そして、生きる理由や望みの確認などの手立てをしないで、「二度としないように」という約束のみを取り付けても、それは、大きな抑止力とはなり得ません。自殺未遂の経験がある人は、その後も自殺を試みる危険が高いです。また、ある方法で自殺が成功しなかった経験がある人は、他の方法によって自殺を成功させようとする傾向があることも明らかにされてきています。毎年、自殺で亡くなった方のおよそ2割に自殺未遂歴があったことが確認されています。

(b) 自傷行為

自傷行為のある人、特に、継続的に自傷行為への思いのある人は、自殺する危険が高いです。致死性の少ない方法による自傷行為（注：客観的に死ぬには至らないと思われる方法による自傷）をしていると、「そのような行為は、どうせ、死ぬ気がなくて人の注意を引きたいからとっているに違いない」と周りが決めつけてしまうことがあります。しかし、自傷行為への思いがあり、自傷行為を行う人は、自殺する危険が高いことがわかってきています。

(c) 喪失体験

個人的な喪失を体験した人は、自殺の危険性が高まります。

喪失体験の代表的なものは死別です。身近な家族を亡くした体験、身近な友人を亡くした体験などは、危険因子となります。

しかし、喪失体験は、死別に限られたものではありません。離別、失職（リストラ等）、経済的損失（事業の失敗等）、地位の失墜（退職、犯罪行為による逮捕等）、身体機能の喪失（病気の罹患や障害を負う）等なども含まれます。

喪失体験の大きさは、亡くしたものの客観的な価値で定まるものではなく、本人にとっての価値によって定まります。例えば、加齢とともに、歯を失うことにさほど抵抗を感じない人も多くいると思います。しかし、丈夫な歯を誇りに思い大切にしてきた人が、加齢とともに、歯を失い、自殺を思い詰める人もいます。株の暴落により、巨万を失っても、精神的にはほとんどダメージがない人もいる一方、客観的には、比較的軽微な経済的損失であっても、自殺を思い詰める人もいます。また、病気や障害による身体的機能の喪失も、自殺の危険因子の一つとなります。慢性的な痛みを伴うような病気や

障害は、より自殺の危険性を高めると言われています。

(d) 他者への暴力

他者への暴力の経験のある人は、自殺する危険性が高いです。子どもへの虐待、ドメスティック・バイオレンスにおける暴力などが代表例となります。家庭内における暴力に限らず、知人などへの暴力なども含まれます。他人へ向けられる暴力性が自分へ向けられたとき、自殺という行為に至ります。コナーら（Conner et al., 2009）は、自殺は、先行事象に誘発されて生じる反応的攻撃性（注：悪口を言われたからカッとなり、たたき返す等）との関係性は予測に反してなかったと報告しています。むしろ何らかの結果を獲得するための手段として攻撃を用いる能動的攻撃性が、男性において自殺との関連性がみられたと報告しています。

このように、攻撃性や暴力性は自殺との関連がみられます。

(e) 被虐待歴

過去に虐待を受けた経験がある人は自殺をする可能性が高いです。

④自殺の計画の具体性や実現可能性

自殺の危険性の重要な判断材料となるのが、自殺の計画です。自殺の計画がどれくらい具体的か、そして、実現可能性がどれくらいあるかを把握することによって、その時点における自殺の危険性が高い精度で把握できます。

(a) 計画の具体性

計画の具体性を把握するためには、①方法（手段）、②時期（いつ）、③場所（どこで）を決めているのか、どの程度決めているのかなどをたずねます。これらが、具体的に定まっていればいるほど、危険性は高いです。

(b) 実現可能性

計画についての実現可能性を把握します。計画している手段がどれくらい、実現可能性があるのか、準備はどこまで進んでしまっているのかをたずねていきます。実現可能性の高い方法を選んでいて、その準備が進んでいるほど、危険性は高いです。

なお、これらの情報を得ることは、より具体的で実効性のある安全確保につながります。

⑤自殺の保護因子（緩衝材）の有無

　自殺の危険性の判断には、保護因子の有無の把握も大切です。保護因子とは、自殺の危険性を下げる要因となるもの、つまり、緩衝材になるものです。保護因子のある人ほど、自殺の危険性は下がりますし、保護因子のない人ほど、自殺の危険性は高まります。

　例えば、①身近な人からのサポートの有無、②宗教、民族的信条などによる抑制、③将来の計画や目標、④社会との満足のいくつながり、⑤精神保健福祉や精神医学サービスの利用などが保護因子になります。

（7）専門家につなげ、ゆだねることを視野に入れながら行う

　このように、自殺の危険性は、複数の要素を本人から聞き出し、総合的に判断する必要があります。ゲートキーパーがすべての項目についてたずね、判断することは現実的でなかったり、困難であったりすることもあります。自殺のリスクアセスメントは、専門家につなげ、ゆだねることも視野に入れながら行っていきます。

（8）ゲートキーパーや関わる者たちで可能な支援も行う

　一方、「死にたい」と言語化している人をすべて、直ちに精神科医につなげることは現実的でないこともあります。地域で活動するゲートキーパーが、自殺願望のある人を病院やクリニックへつなげることは、大変な困難を伴うこともあります。社会全体の偏見の問題、医療サービスのシステムの課題、本人や家族の意思の問題などがあります。また、何とか医療サービスにつなげても、本人のニーズあるいは希望に合ったサービスを得られないことも残念ながらあります。

　そこで、ゲートキーパーは、専門家等へつなげる際の判断基準なども知ると同時に、ゲートキーパーをはじめとする、関わる者たちでできる対応策も知ることが大切です。

6. 安全確保・支える仲間へつなぐ

(1) 自殺のリスク評価の指標

　ゲートキーパーは、自殺危機にある人が、どのように評価され、対応されるのかを知りたいものです。そこで、比較的わかりやすい指標として、ここでは、世界保健機関（WHO）の「プライマリ・ケア医のための手引き」の指標（表3-5）を紹介します（注：プライマリ・ケア医は日本の内科のかかりつけ医に近い概念です）。医師向けの指標ですので、診断や評価は専門家の判断にゆだねることを前提に、参考にしてください（WHO, 2000＝2007）。

　この指針の特徴をいくつか説明します。

①自殺の危険度が最も低いレベル0以外では、すべてのレベルで「自殺したい考えがあるか」をたずねることが推奨されています

　WHOは「プライマリ・ケア医のための手引き」で、「情緒不安定」と思われる程度で、自殺の危険度が0から6の7段階のうちの下から2番目のレベルであっても、「自殺したい考えがあるか」をたずねることを推奨しています。本人の状況について、客観的に判断できる項目だけでは、自殺の危険度は把握しきれないからだと推察されます。ご本人が自殺について、どのように考え、どのような意図を持っているか（あるいは持っていないのか）をたずねてはじめて、自殺の危険度が明らかになってくるからでしょう。

②「死」について考えていても、それだけで危険度が高いとは限りません

　「死」や「自殺」について「考えることがある」状態があっても、それだけでは、自殺の危険度の度合いが高いとは限りません。WHOの表では、「死に関する漠然とした思考」を持つ人でも自殺の意図がない場合、自殺の危険度はレベル2、つまり、下から3番目、上から5番目にとどまっています。死について漠然と考えている人すべてが、自殺の危険性が特に高いわけではありません。死について考えることがある人でも、自殺の計画がない、あるいは、あったとしても、計画が具体的ではないような場合、自殺の危険性は比較的低いと判断できます。これらの判断も、ご本人に確かめてはじめて明らかになることです。

③計画が漠然としている場合は、危険度は中くらい

　自殺の意図があっても、自殺の計画について具体的にたずねていくと、計画が具体的ではなかったり、実現可能性の低い計画であったりすることがあります。WHOの指針でも、自殺についての意図がある人の中では、精神疾患がないか強い生活上のストレスがない人の自殺の危険性は中くらい、つまり、自殺の危険度のレベルは3あるいは4くらいとされています。自殺の計画がより具体的になり、実現可能性の高いとき、自殺の危険性は高くなります。そのため、自殺の意図があるということがわかっても、自殺の計画の具体性や実現可能性を把握してはじめて、より精度の高い自殺のリスクアセスメントができます。

表3－5　自殺予防における段階のまとめ
　以下の表は医師が患者の自殺の危険を疑ったり同定したときの患者評価や対応の主な段階をまとめたものである。

自殺の危険度	兆候	評価	行動
0	悲嘆がない		
1	情緒不安定	希死念慮を尋ねる	共感をもって聴く
2	死に関する漠然とした思考	希死念慮を尋ねる	共感を持って聴く
3	漠然とした希死念慮	自殺の意志（計画・方法）の評価	代替方法などの可能性を追求する 支援体制の同定
4	希死念慮があるが精神疾患はない	自殺の意志（計画・方法）の評価	代替方法などの可能性を追求する 支援体制の同定
5	希死念慮があり、精神疾患か強い生活上のストレスがある	自殺の意志（計画・方法）の評価 自殺をしない約束	精神科医に紹介
6	希死念慮があり、精神疾患か強い生活上のストレスか焦燥感があり、そして過去に自殺企図歴がある	患者に付き合う（自殺手段への接近を防ぐため）	入院

出典：世界保健機関（WHO）（2000 = 2007）自殺予防「プライマリ・ケア医のための手引き」、日本語版初版、監訳：河西千秋、平安良雄、横浜市立大学医学部精神医学教室より）

④**計画が具体的で、強い生活上のストレスあるいは精神疾患があると、自殺の危険度は高まります**

　自殺の意図があり、自殺の計画が具体的であると、自殺の危険性は高まります。その場合でも、自殺の危険因子の有無によって、自殺の危険性は異なります。特に、精神疾患の有無は大きなポイントとなります。うつ病、そううつ病、統合失調症、アルコール依存症、薬物依存症などは、自殺の危険性を高めます。また、生活上の強いストレスに見舞われていると、自殺の危険性は高まります。そのため、そのように思い詰めるに至ったきっかけや生活上の課題の現状をたずねて把握していくことが大切です。また、感情として、強い焦燥感があると、自殺の危険性は高いと判断します。

⑤**自殺未遂歴のある人の自殺の危険性は特に高い**

　自殺未遂の経験がある人の自殺の危険性は高いです。自殺未遂歴の有無は、自殺する危険性の最も強い予測因子となります。

　自殺未遂を起こしたため、周りに諭されて、「二度と自殺なんかしないようにね」と言われ、「はい、わかりました」と言うと、周りは「その人は二度と自殺しないだろう」と安心してしまいがちですが、そのような判断はするべきではないといわれています。

　また、自殺未遂の経験のある人は、ある方法で自殺に失敗して未遂に終わったとしても、その後、自殺の手段を変更して、自殺を成功させようとする傾向があることも明らかになってきています。

（2）自殺の危険度に応じた対応（行動）

　WHOは「プライマリ・ケア医のための手引き」の中で、自殺の危険度に応じた行動をとることを推奨しています。その特徴を以下に整理します。これらの行動は、医師に対する指針として参考までに理解してください。

①**共感をもって聞く**

　医師への指針でも、共感をもって聞くことが行動として示されています。自殺の危険度が比較的低いと判断できても、情緒不安定であったり、死に関する漠然とした思考を持つ人への共感の姿勢や応答は大切です。

②代替方法を共に考える

　自殺の危険性がある程度あると判断した場合、自殺する以外の代替方法を共に考えることは大切です。多くの人は、自殺を考えている場合、何か問題を抱えています。また、何か悩みがあります。問題や悩みがあり、思い詰めているために自殺を考えていることがほとんどです。そこで、問題を解決したり、軽減したり、あるいは、悩みをやわらげたりするような方法を共に考えます。また、ものごとの受け止め方や感じ方を変えられるよう手助けすることも一方法となります。

③支援体制を同定する

　自殺の危険性がある程度ある場合、支援体制を「同定する」ことが推奨されています。ここで同定とは、その人の支援をし得る人を把握していくことを指します。支援体制は、公的機関や非営利団体ばかりではなく、身近な人など、その人の支えになるさまざまな人が含まれます。

　なお、ゲートキーパーは、同定するのみならず、具体的に、その人の支援になり得る人を聞き出し、つなげていくといいです。つなげる先については、「支える仲間へつなげる」（89ページ）の項で後述します。自殺の危険度が高い場合には、精神科医につなぐことや、精神科への入院へつなげてもいきます。

④精神科医療へつなぐとき

　本人や関係者から自殺の「じ」が出たとたんに、すべて直ちに精神科へつなげることや、入院へつなげることが推奨されているわけではありません。自殺の危険度の判断で、下から5番目（レベル0から4）までは、特に精神科医や入院という言葉は使われていません。

　精神科医へつなぐことは、レベル5以上で示されています。レベル6にあたるほど自殺の危険度が高い場合は、医師に対しても、本人に「付き添う」ことが推奨され、入院へつなぐことが推奨されています。自殺の危険性と衝動性が特に強い人の場合には、一人にしないで、確実に安全な場所で過ごしてもらうようにするべきです。地域だけで支えることには限界があることを知ることも必要です。

なお、レベル4やレベル5くらいの、自殺の危険度が中等度のとき、危険度の判断のために精神疾患の有無を診断する必要があります。そのため、ゲートキーパーは、医師と同じ基準で行動するべきではありません。精神疾患が疑われ、その有無が明確でないような場合、早めに精神科医療へつなげることが必要となります。

（3）安全確保

自殺危機にある人の支援では、安全を確保しようとすることが大切です。少しでも安全性を高める、あるいは衝動性を下げる一助となるような選択肢を持っていることが望ましいです。自殺の衝動を先送りにして、自殺の実行を妨害します（エリスとニューマン, 1996=2005）。延期をしていくうちに衝動性が下がるように仕向けるのです。

ここでは、①自殺の手段が実行できなくなるような手立てを考える、②自殺をしない約束をする、③ワンクッション置く約束をする、④飲酒をしない約束をする、について説明します。

①自殺の手段が実行できなくなるような手立てを考える

自殺の手段が具体的（方法、時期、場所等）である場合、そして、その実現可能性が高い場合、自殺の危険性は高くなります。計画の具体的な方法が聞き出せている場合、そのような手段が実行できなくなるような支援をします。

薬や道具を使用する計画がある場合、それらの薬や道具を、自殺危機にある人の身近から取り除きます。自分が預かることができるのであれば、自分が預かります。自殺危機にある人の身近な人たちと連携して支援ができる体制ができている場合、身近な人たちに預かってもらうことも考えられます。高いところから飛び降りることが計画にある場合、そのようなところへ近づけないようにガードします。例えば、Aさんは、薬の大量服薬を計画している友達から、薬をほとんど預ってしまいました。Bさんは、「包丁が怖いの」という電話を受け、その人のアパートに駆けつけ包丁を預かりました。米国の警察や消防に関わる精神医療チームは、飛び降りようとする人の身体を、安全に抱きかかえる訓練を受けています。

刃物や紐など、代替物が入手しやすいものである場合、「そのようなものを預かっても意味がないのではないか」と思われるかもしれません。しかし、ゲートキーパーが、自殺危機にある人との信頼関係が築けている場合、手段として用意していた物を預かってもらうことには象徴的な意味も追加されます。それは強い抑止力につながります。
　日時が何かの記念日などに特定されている場合、その日時の前後の危険性はより高まります。例えば、特定の人の誕生日や結婚記念日などに定めている場合などです。そこで、そのような日時の前後は特に注意して守ることが必要となることもあります。
　自殺者の過半数が銃により命を絶つアメリカでは、精神保健福祉医療に関わる専門職は定期的にクライエントの銃の保持や銃の安全な取り扱いについて話し合うことを奨励されています。ソーシャルワーク職は実施率が比較的低いことが課題とされ、銃の保持（34%）、銃の安全な取り扱い（15.3%）の実施率でした。ただし、クライエントにうつ症状がみられたり、自殺企図のあるクライエントを担当している場合には、より多くのソーシャルワーカーが銃の保持のアセスメントと安全な取り扱いについて話し合いをする意向にあることが報告されています（Slovak, Brewer & Carlson, 2008）。

② 「自殺をしない約束」
　信頼関係が構築できている場合に、「自殺をしない」約束をとりつけることには意味があります。わが国でも、髙橋（1989）がContract against suicide（自殺をしない約束）について、自殺をしそうになったら必ず治療者に連絡をとること、そして連絡を取る前に自殺を実行しない等を契約するとして紹介しています。自殺をしない約束をとりつけることは、近年まで、米国などの自殺予防研修でも中心的に取り扱われ、練習されてきた内容です。
　しかし、自殺をしない約束に偏った自殺予防研修は、批判されるようになってきました。「自殺しない約束（または契約）」を結ぶことの有効性に疑問が呈されているのです。自殺しない契約は、①契約可能な心身の状態にない者に、契約を求めることになっていること、②不安定で繊細な状態にある時に、自殺危機にある者の側の責任のみ増大させること、③契約書にサインをしなければ、強制入院させられることへの恐怖心が生じること、④「誠実

でない」と受け取られる危険性があることなどが具体的な問題点として指摘されています（Lewis, 2007 ; Range et al., 2002）。これらは、北米の医療機関等において、自殺危機にある人との面接を行う対人援助職が、定められた「自殺しない契約」の契約様式を用いて「この書類にサインをして、自殺をしない契約をしてください」と迫り、「あなたが契約を拒むなら、強制入院していただく必要があります」と申し渡す等の運用を行っているために余計に深刻さをもってなされている議論です。

　一方、対人援助職が、信頼関係を構築した上で、誠意をもって「自殺しない契約」を結ぶように、自殺危機にある人との対話を重ねる過程は、自殺危機にある人のアセスメントと介入の一部となるという大きなメリットがあります。良い契約にするためには、協働的で、前向きで、個人の状況に合わせた具体的な配慮のある契約とすべきです（Range et al., 2002）。具体的で、自殺危機にある人の置かれている状況に配慮のある約束の提案については、同意されることも多くなります。あまりにも抽象的である場合、効力も限られたものになってしまいます。一番わかりやすい例は、時間を限った約束をとりつけることです。「来週もう一度訪問するまでは」「3日後に電話するまでは」「さ来週の面接のときまでは」など、時間の範囲と、自分が再度接触する機会とを特定した上でそれまでの期間、「自殺しないと約束してほしい」と提案して同意を得ることは、効力があります。

　また、約束は、できるだけ、協働的で前向きなものであるようにします。相手の都合や意向を聞きながら、約束の設定をすることが大切です。本人にとって好ましくない条件（例えば、強制入院手続き）と引き換えに強要するような約束は避けるべきです。

③ワンクッション置く約束

　自殺の危機にある人と接すると、その人に自殺の危険性はあるものの、すぐに入院できるレベルではない、と判断せざるを得ないときがあります。自殺の計画が具体的ではない場合や、準備性が低い場合などもこれにあたります。

　しかし、ゲートキーパーは、自分の関わった自殺の危機にある人が、いつ、焦燥感が強まり、衝動性が上がるか予測できません。そこで、その人がいざ

「自殺しよう」と思ったとき、必ず連絡をとることを約束してもらうのも一つの方法となります。つまり、自殺の意図が再度明確になったときに、ワンクッション置くことを約束してもらうのです。

　ゲートキーパーが職務上支援しているような人に対しては、自分の事務所の連絡先と窓口開設時間帯を伝え、連絡するよう伝えたりします。例えば、「8：30～17：00までであれば、自分の事務所に連絡してね」などと伝えることも選択肢の一つです。しかし、昼間の窓口開設時間に連絡するように伝えても、より心配なのは、夕方から夜間にかけての時間帯だったりします。そのため、できるだけ、24時間体制で受け止めてくれる社会資源も合わせて紹介します。

　都道府県の精神保健福祉センター（注：心の健康センターなどの名称のところもあります）が24時間体制で窓口対応している先進的な取り組み地域も出てきています。そのようなときは、その窓口を紹介します。また、いのちの電話（日本いのちの電話連盟, 2009）や自殺防止センター、社会的包摂サポートセンターなど、貴重な活動を続けてこられている民間、NPO法人等の社会資源を紹介したりします。

　相手が身近な人（例えば親しい友人、いつも行き来している親戚など）で、すぐにでも駆けつけられるような関係にある場合は、「いつでも自分に電話して」など、自分の連絡先を伝えるのも一つの選択肢となります。

　自殺をしようという衝動性が高くなったときに、ワンクッションおいて、何らかの別の行動をとることを「約束」してもらうことに意味がありますので、効果は少し低くなりますが、場合によっては、その人からみて、「今は連絡する気にはならないけれども、いよいよというときには連絡しようと思う相手」を聞き出し、その人へ連絡することを約束してもらうのも一つの選択肢となります。

④飲酒をしない約束

　飲酒や麻薬などの薬物は、判断能力を減少させ、衝動的な行動をとりやすくさせてしまいます。自殺の衝動が高いときに、「飲酒をしない」などの約束をしてもらうことには意味があります。判断能力が減少したり、衝動性が高まることを予防するだけでも、安全性が少しは上がります。効果は減少し

ますが、飲酒の量を減らす約束をとりつけるだけでも安全性は少し上がるでしょう。

（4）生きる理由を共に探る

支える仲間へつなげるためには、自殺危機にある本人から、どのような人が支えになり得るのか、また、どのような人であれば、連絡をとることを了承するのか、などを丁寧に聞き出すことが必要となります。頑なに心を閉ざしたままの人を、どこかへつなげようとしても、ご本人から得られた情報からはじめないことには、なかなかうまくいかないからです。

そのようなとき、「生きる理由を共に探る」という心持ちでいくつかの問いかけをしていくことが、後につながります。

①スイッチする支援

自殺危機にある人は「死ぬしかない」あるいは「死ぬことが最善の解決方法だ」と思い込んでいることが多いものです。自殺危機にある人の置かれている状況がとてもつらく、大変な状態であるときに、その人の置かれている状況やその人の考えや気持ちに共感するばかりでは、なかなか次の展開に結びつけることができません。

生きる理由を探るとは、自殺危機にある人の置かれている状況に共感しつつも、あえて、ご本人の視点を切り替えるお手伝いをすることです。ゲートキーパーは、視野狭窄に陥って「死ぬしかない」などと思っている人が、「生きる理由がある」「生きる意味があるに違いない」「この世にとどまったほうがいい」と思える状態へスイッチすることを支援します。ゲートキーパーは、「人は誰でもこの世に生きる意味がある、この世に生き続ける意味がある」などを前提として信じている必要があります。

②生きる理由とは

エリスとニューマン（1996=2005）は、「自殺を考えている人とそのような人を愛している人」(1p) のために著した本の中で、生きる理由のリストをあげています（p46）。

このように、自分と親しい人との関係（親子、夫婦等）、将来の夢、人生の

表3－6　しばしば挙げられる生きる理由

- 子どもの成長を見る
- いつも行ってみたかった所に旅行する
- 望んでいる関係を探してみる
- 仕事の業績を上げる
- 引退して、人生ではじめてゆったりとした時間を持つ
- 自分と同じような問題を抱えた人を助ける
- 自分の小説を書き上げる
- 妻は私を必要とし、私も妻を必要としている
- まだしたいこと、学びたいことがたくさんある
- 自分には価値があり、幸せになって当然である
- 人生にはたくさんの単純な幸せがある（朝のコーヒーの香り、熱い風呂に入る、背中をやさしくなぜてもらう〈一部略〉等）
- どれほど人生が惨めでも、美はどこにでもある（春の花、秋の落ち葉、赤ちゃんの柔肌、見知らぬ人がかけてくれた優しい言葉、〈一部略〉等）

（エリスとニューマン，1996＝2005をもとに筆者作成）

目標などを思い起こしてもらうような質問を投げかけることが意味を持つこともあります。日本人では、例えば、世話をしなければならない存在のこと（ペットや子ども）、長い間慕ってきた人のこと（親友、恩師や親戚）、仕事上の約束、心のよりどころとなるものや人、趣味などについて問いかけると、とっかかりが得られるかもしれません。これらに対する答えをもとに、次の支える仲間へつなげるへつなげていきます。

（5）支える仲間へつなげる

　自殺危機にある人を支援するとき、ゲートキーパーは、自殺以外の選択肢を共に考え、問題解決につなげるために、他の支援者につなげていくことが大切です。精神的痛みの理解をして、信頼関係を築くまで、あるいは、リスクのアセスメントを行うことにとどまるまででは、自殺予防は十分にはできません。ゲートキーパーは、自殺危機にある人が、自殺以外の選択肢をみつけ、問題解決へつなげていくまでを視野に入れた支援をすることが大切です。

ローゼンバーグ（Rosenberg, 1999）は、感情や心理状態を問いかけていくことに重きを置きながらも、自殺のリスクアセスメントを行い、①両価性、②自殺行動と希望のない感情との関係性、③視野狭窄などに触れつつ、④認知の再構成を図る、⑤他の選択肢をみつけて問題解決へつなげる等を盛り込んだトレーニングモデルを示しました。また、張ら（2003）も自殺危機にある人への対処の仕方として、生への執着を少しでも感じられる人・物・ことに焦点をあてることや、一人で抱え込まないで、必要な人に協力を要請する大切さを指摘しています。

自殺危機にある人の悩みを軽減したり、問題を解決したりするためには、つないでいく人や機関が1箇所だけでは、十分な支援にならないこともあります。自殺危機にあるような人は、複数の課題を抱えていることが多いものです。このような人を支えるには、多面的な視点が必要です。「面で支える」ことを視野に入れて支援することが大切です。

①他の支える仲間へつなげることの了解を得る

自殺の危機にある人は、一人で抱え込まないようにすることが大切です。一人で抱え込まないようにするためには、「守秘」の約束をできるだけしな

表3-7 支える仲間へつなげる（1本の線ではなく、面で支える）

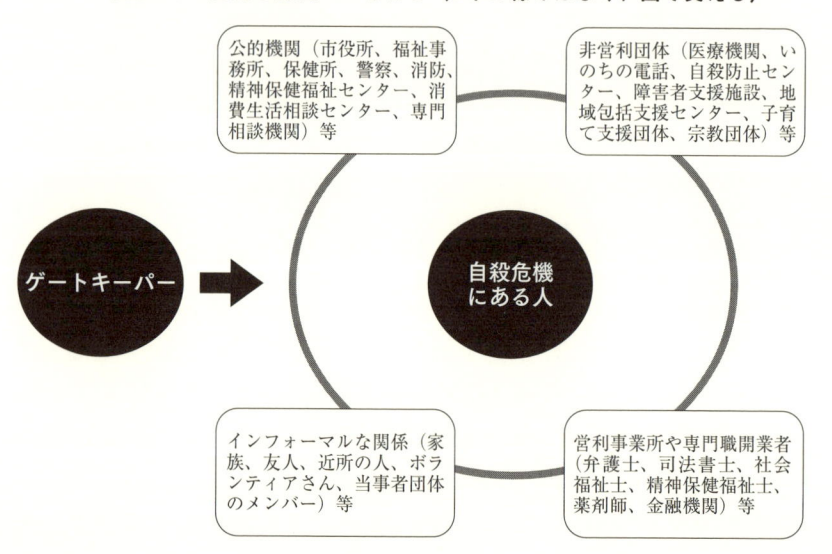

- 公的機関（市役所、福祉事務所、保健所、警察、消防、精神保健福祉センター、消費生活相談センター、専門相談機関）等
- 非営利団体（医療機関、いのちの電話、自殺防止センター、障害者支援施設、地域包括支援センター、子育て支援団体、宗教団体）等
- インフォーマルな関係（家族、友人、近所の人、ボランティアさん、当事者団体のメンバー）等
- 営利事業所や専門職開業者（弁護士、司法書士、社会福祉士、精神保健福祉士、薬剤師、金融機関）等

ゲートキーパー → 自殺危機にある人

いようにします。「誰にも言わないで」「あなただけに話したのよ」と言われると、一瞬、自分だけが信頼されたようで気持ちが良くなるかもしれません。でも、自殺の危険度の高い人を、地域で一人で抱え込むことはとても困難です。

そこで、「あなたの命が大切だから、あなたが死ぬほどに追い詰められた気持ちでいることについては、他の人にも知ってもらって、みんなであなたを支えたいと思う」と相手に伝えるとよいでしょう。他の人と情報を共有することについて、できるだけ同意をもらいます。この場合の「みんな」とは、「大勢の人に」という意味ではありません。「自殺危機にある人が了解をした他の社会資源の関係者に」という意味です。このときの社会資源の中には、制度的なサービス提供機関（市役所、保健所、施設、医療機関等）のみならず、私的な、インフォーマルな社会資源（家族、親族、友人、近所の人、当事者仲間、ボランティア等）も含まれます。このような社会資源の中から、本人が了解するところへつなげていきます。

②守秘義務の除外規定

なお、命の危険性が高いときには、ご本人の了解が得られなくても、第三者へつなぐ必要があることもあります。ご本人の自殺への衝動性が鎮まるまで、安全な場所で過ごしてもらう必要性があることもあるからです。

諸外国でも、日本でも、「自傷他害のおそれがある」と判断された人には、本人の意思に反しても入院してもらうことができる制度があります。それが措置入院の制度です。そこで自殺の計画の具体性と実現可能性が高く、命が危ないと判断されれば、精神科病院の措置入院へつなぐことが考えられます。特に、自殺未遂歴や自傷行為への継続的な衝動がみられる人は、早めに安全な場所へつないでいきます。その必要があるときは保健所や警察、都道府県の精神医療情報センター、精神保健福祉センター（心の健康センター）等に相談します。警察は、市民の命を守る機能を担っていますので、必要に応じて精神科医療サービスへつなぐ機能を果たしてくれます（精神保健及び精神障害者の福祉に関する法律第24条に、警察官の通報義務という規定もあります）。

職種（公務員等）や資格（保健師、精神保健福祉士、社会福祉士等）によっては、法律で守秘義務が課せられています。また、専門職には倫理綱領があ

り、その中に守秘義務が規定されています。しかし、どのような法律にも除外規定にあたる文があります。例えば、「正当な理由がない場合には」第三者への情報提供や、業務に関して知り得た人の秘密を漏らすことは禁じられています（例えば、精神保健福祉士法第40条、保健師助産師看護師法第40条の2）。逆にいうと、正当な理由がある場合には、守秘をしないほうがいいことがあるということです。高い精度で自殺の危険度のアセスメントができていて、自殺の危険性が高いとわかっている場合には、「正当な理由がある」とされ、「除外規定に該当する」と判断されるでしょう。そのため、法律違反や倫理綱領違反はほとんど心配する必要はないことになります。むしろ、命の危険性が高いとわかっているのにもかかわらず、必要な措置をとらないことのほうが、職務に反する行為となることがあります。

ただし、本人の了解を得ないで、本人の意思に反して、第三者へ情報提供をし、つなげた場合には、本人との信頼関係にマイナスの影響を与えることがあります。その後の支援の質に悪い影響を与えることがありますので、注意が必要です。できるだけ丁寧に、本人の了解を得るようにすることが大切です。

③長期的な信頼関係で結ばれている人とつなげ、心理的サポートを得る
「あの人だったら話を聞いてくれるかもなあ……」と思う相手につなげる

みなさんは、人生の中で危機的な状況に陥ったことはありませんか。他人から見ると小さなことでも、自分にとっては、人生の谷だったな、と思える状態に陥ったことはありませんか。本当に追い詰められた気持ちになったとき、なぜか、「身近な人には相談できない」「相談しにくい」と感じたことはありませんか。あるいは、身近に人はいるのに、「親身になって相談に乗る余裕がないだろう」あるいは「迷惑をかけたくない」と思い、身近な人に相談する気にならなかったことはありませんか。このような気持ちの背景には、身近な人への配慮や遠慮があることもあるでしょう。あるいは、プライドや羞恥心などがあることもあるでしょう。

そのようなとき、実際に相談したかどうかはともかく、「あの人になら話を聞いてもらいたいなあ」と思う相手はいませんでしたか。それは、小・中・高等学校の特定の教師であったり、以前勤めた職場の上司であったり、

遠い親戚のおじさん（おばさん）であったり、今は年賀状のやりとりだけになってしまった中学校時代の親友であったりしませんか。ほとんどの人は、誰か、長期的な信頼関係で結ばれている人がいるのではないでしょうか。

　自殺の危機にある人をそのような人へつなげることには意味があります。いくら、目の前の問題解決だけがなされても、自殺危機にある人の「圧倒的な孤立感」は、制度的なサービスの利用や、専門職による支援だけではなかなか解消されないからです。自殺の危機にある人をそのような、長期的信頼関係で結ばれている存在の人へつなげることによって精神的な痛みをやわらげてもらい、心理的サポートを得られるように支援することに意味があるでしょう。大切な選択肢の一つとして考えてみてください。

　家族でさえないような人へつなげることに、公的機関、非営利団体や医療機関の人は躊躇を覚えるかもしれません。躊躇を覚えるのは、「問題の解決」をそれらの人々へ押しつけようとしている感じがするからでしょう。ここでは、問題の解決をそれらの人々へ押しつけることを勧めているのではありません。これらの人へつなげるときに、こちら側の意図をきちんと言語化して伝えることが大切です。「Aさんが大変悩んでいるので、何とかしてください」と伝えるのではなく、「Aさんが死ぬほどに追い詰められた気持ちになっているそうです。私たちは、Aさんの抱える課題を解決できるよう尽力していますが、Aさんには、心の支えが必要です。Aさんの話を聞いてあげていただき、精神的サポートをお願いいたします」という風に、何を依頼しているのかをできるだけ明確に伝えるといいでしょう。

④身近な人へつなげ、状況を理解した上で、寄り添ってもらう

　一方、自殺危機にある人への支援では、身近な人へつなげることがとても大切です。身近な人とは、配偶者、子ども、恋人、親、兄弟姉妹などです。ここでは、特に、夕方から夜間にかけて駆けつけてくれたり、見守ってくれたりしてくれる人を想定しています。そのため、家族がいなかったり、関係が断絶したりしているような場合には、それに代わる人たちへつなげることを考えざるを得ないこともあります。例えば、行き来のある親戚や近隣の親しい友人などです。

　自殺の危機にある人の中には、客観的・物理的にはサポートしてくれてい

る人が身近にいるにもかかわらず、強い絶望感や孤立感にさいなまれている人がいます。前述しましたが、ジョイナーら (Joiner et al., 2007) は、自殺のリスクが非常に高い場合には、どれほど緩衝材（周囲のサポート等）があったとしても、リスクが高いことに変わりはないと強調しています。身近な家族の存在の確認だけでは、十分ではないのです。

　公的機関、非営利法人や医療機関の人は、家族に連絡をとったり、つなげたりすることにも躊躇があるかもしれません。それは、家族に問題解決を押しつけるように感じるからでしょう。ここでも、家族に問題解決を押しつけることを勧めているのではありません。問題解決は、できるだけ、公的機関や非営利法人、医療機関など制度的なサービスで進めていくといいでしょう。

　ゲートキーパーは、身近な人が「そこまで追い詰められている」「思い詰めている」ことを理解した上で、精神的な痛みを理解し、「夕方から夜にかけての時間帯などに見守り、寄り添ってくれることが大切なので、お願いします」などと伝えると良いでしょう。現在社会では、家族員の間でも、大きな孤独感を持ち続けている人がいます。他人であるゲートキーパーが「つながりの再構築」をあえてひと押しすることに意味があります。このように、ゲートキーパーは、身近な家族の存在等を確認するだけではなく、身近な人へ伝えることも大切な選択肢の一つとなります。第1章で説明したように、自殺で亡くなった人の7割以上は、亡くなった時点で同居者がいました。同居者がいるだけでは抑制はきかないのです。同居者がそこまで追い詰められているということを知ることが大切でしょう。

⑤抱えている問題について、解決や軽減までつなげる

　抱えている問題がはっきりしている場合には、解決できる機関へつなげていきます。問題の解決や軽減ができるまで伴走するといいでしょう。

　例えば、借金問題などの法律問題を抱えている場合は、市町村役場の無料法律相談などが身近でしょう。市町村役場の法律相談などでは、定められた時間内で、最低限の情報提供をしてくれるでしょう。ただ、公的機関の無料相談は、専門家の紹介にとどまり、具体的な解決まで導いてくれないこともあります。地域によっては、消費生活センターや市町村役場の「なんでも相談課」などのほうがむしろ、具体的な解決まで支援してくれるところもあり

ます。また個別の司法書士さんや弁護士さんにつなげるほうが、結果的に短期間で解決に結びつくこともあります。

　精神科の治療が必要な場合には、精神科の受診を勧めます。精神科は、総合病院（一部）、精神科病院、精神科クリニックなどにあります。敷居が低いのは総合病院の精神科でしょう。ただし、総合病院の精神科は病床を持っていない場合もあります。入院治療が必要となると、結局、他の病院へ入院することになります。精神科クリニックは、初診の場合、予約制になっていることが多くあります。残念ながら、都市部に限らず、地方都市でも私が聞いた限りでは初診はふた月待ちなどがざらです。そのような場合、事前に電話をしてから予約をして、受診することになります。具体的な情報がないような場合、保健所や市町村役場の地域保健課などに相談するとよいでしょう。

　この他、経済問題、雇用問題、学校のいじめ、DV問題など、それぞれの問題に関わる専門機関があります。できるだけ、具体的な問題の解決や軽減につながるまで寄り添うことが大切です。

⑥問題の解決や軽減までつなげるとは

　ゲートキーパーが「つなげる」ことの必要性が強調されていますが、それはどういうことを意味するのでしょう。同じつなげるでも、支援をしようとする相手の状態に応じた「つなげる」が必要でしょう。また、地域のボランティアの立場でつなげるのと、窓口相談職員としてつなげるのとでは求められる行為は異なるでしょう。

　自殺の危機にある人は、エネルギーレベルが非常に低いことが多いです。うつ病の診断がなされるような状態にある人は特にそうでしょう。ようやく意を決して、「相談窓口」に行くと「その内容なら○○へ相談に行けばいいですよ」と別の電話番号を伝えられることも多くあります。この段階で、一部の人はもう相談に行かなくなるでしょう。再挑戦するエネルギーのある人が伝えられた窓口へ電話すると「その内容はうちではないので、○○へ相談に行けばいいですよ」と言われたとします。これは、「つなげた」ことになるでしょうか？　相談を受けた者は「つなげた」つもりかもしれません。しかし、相談者からすると、これは「たらい回しにされた」です。通常、2回続けて「○○へ相談したら」と言われて、実質的な解決への進展がみられな

いことが続いたら、「たらい回しにされた」としか感じないでしょう。単に別の連絡先を伝えるだけでは、「つなげる」ことにはならないのです。

　内容が何であれ、特に各種相談の窓口業務についている人は、「つなげる」ことの意味をよく考えて実行してほしいと思います。①最低限、相手の抱えている問題に関する事項をつかみ（68ページの「置かれている状況の確認」の項参照）、②相談者（自殺危機にある人）の了承を得て、③「事前に概略を相手に伝えておきます」などと相談者（自殺危機にある人）に伝え、④つなげる先の窓口職員に概略を伝え、⑤相談者（自殺危機にある人）に伝えた相手の名前等を伝える、などすると、他の連絡先を紹介したという結果は似ていても「たらい回しにされた」とは思われないでしょう。

7．フォローアップ

（1）フォローアップ

　相談を受ける側からすると、解決や軽減可能な課題については、その事項の専門機関につなげることが最も大切なポイントとなります。そこで、「たらい回しにされている」と感じられないような、他機関への紹介をする必要があります。他機関などを紹介するときには、できるだけ、フォローアップの約束を同時にすることです。フォローアップとは、あとで、改めて接触することです。

（2）フォローアップの約束は具体的な日時で

　フォローアップの約束は抽象的にはしないほうがいいです。「いつでも連絡して」と約束して、結果的に相手から連絡がない場合は、こちらもずっと心配になります。また、相談者（自殺危機にある人）からすると、「いつでもいいから連絡して」と言われると、連絡されるのは迷惑なのではないか、わずらわしいのではないかと考えてしまうこともあります。

　「1週間後のこの時間帯にまた面接（訪問）の約束をしましょう」とか、「予約した（紹介した専門）相談が終わる来週金曜日の午後3時から4時までの間に電話をしてください（しますね）。お待ちしていますね」など、自分が紹介した機関への相談結果が、どのようになったかを確認することを意識

して、約束するといいでしょう。

（3）「その後のことまで私が気にかけている」というメッセージが相手に伝わることが大切

　別の機関を紹介した後、フォローアップの約束をする、つまり、再度の接触を約束するのは、他の相談機関への相談内容やその結果を根ほり葉ほり聞くことが目的ではありません。このような約束をすることにより、「その後のことまで私が気にかけている」というメッセージが相手（相談者）に伝わることが大切です。このような言葉かけをされると、多くの人は「そこまで気にかけてくれるのだ」と思います。また、紹介された機関へ連絡をしたほうがいいだろう、という気持ちが高まります。

（4）連絡方法をできるだけ2種類聞く

　面接、訪問、電話などの約束をしても、相手が何の連絡もなしに現れない、あるいは、連絡がとれない状態になることがあります。自殺の危険がないような場合には、「忙しくなったかな」「気が向かなくなったのかな」「約束を忘れてしまったのかな」などと解釈し、そのままにすることもあるでしょう。

　しかし、自殺の危機にある人の場合、連絡がとれない状態になると大変心配です。特に、一つだけ知っている連絡先が携帯電話で、電話をかけてもつながらない、あるいは、電波が届かない、などのメッセージが流れる状態が続くと、慌てます。

　そこで、バックアップのために、念のためもう1か所連絡方法をたずねておくことをお勧めします。自宅の固定電話、家族や職場の連絡先、場合によっては、親しい友人や大家さんの連絡先など、「連絡がとれない」ような事態が生じたときだけ連絡することを前提に、もう一つの連絡方法を確保しておくと、安心です。

（5）再度の接触時に、事態の進展があったかどうかを確認する

　このように、他の機関を紹介したような場合、その後の進展があったかどうかを確認する機会を約束しておくと、実際にどうだったかが確認できます。

　フォローアップで会ったり話したりするときには、他機関での相談の結果

について、差し障りのない範囲で報告してもらいます。根ほり葉ほり、他の相談機関の対応内容を聞き出すためではありません。「何とかなりそうだ」と相談者が思える状態になったか否かを具体的に確認することが目的です。

　自殺危機にある人の抱える問題や課題は一つでないことも多いので、優先順位に応じて、ひとつひとつつなげていくこともあります。例えば、まずは、経済問題の解決をするために、福祉事務所で申請することを支援する。その次に、精神科の治療へ結びつける、などです。それぞれ紹介した先で、進展があったかどうかをゲートキーパーが気にかけ、伴走してくれることは、何よりの支えとなります。

【参考・引用文献】
張賢徳 (2006)『人はなぜ自殺するのか——心理学的剖検から見えてくるもの』勉誠出版
張賢徳・李一奉・中原理佳ほか (2003)「病院外来における危機介入」『自殺予防と危機介入』24(1), 3-9.
Conner, K.R., Swogger, M.T. & Houston, R.J. (2009) "A test of the reactive aggression-suicidal behavior hypothesis : is there a case for proactive aggression?" Journal of Abnormal Psychology. 118(1), 235-240.
エリス, トーマス・E, ニューマン, コリー・F (1996=2005)『自殺予防の認知療法——もう一度生きる力を取り戻してみよう』高橋祥友訳、日本評論社
原研治 (1983)「危機介入について——『いのちの電話の経験から』」『自殺予防』8, 4-12.
Joffe, P. (2008) "An empirically supported program to prevent suicide in a college student population" Suicide and Life-Threatening Behavior 38(1), 87-103.
Joiner, T., Kalafat, J. & Draper, J. et al. (2007) Establishing Standards for the Assessment of Suicide Risk among Callersto the National Suicide Prevention Lifeline. Suicide and Life-Threatening Behavior, 37(3), 353-365.
Kalafat, J., Gould, M.S., Munfakh, J.L.H. & Kleinman, M. (2007) "Evaluation of crisis hotline outcomes. PartI. Non-suicidal crisis callers." Suicide and Life-Threatening Behavior, 37(3), 322-337.
Lambert, Michaeal J. (1992) "Implications of Outcome Research for Psychotherapy Integration", In "Handbook of Psychotherapy Integration", edited by John. C. Norcross and Marvin R. Goldstein. Basic Books.
Lewis, L.M. (2007) No-harm Contracts : a Review of What We Know. Suicide and Life-Threatening Behavior, 37(1), 50-57.
Miller, W.R. & Rollnick, S. (2002) Motivational Interviewing : Preparing people for change (第 2 版), Guilford Press.
Mishara, B.L., Chagnon, F. & Daigle, M. et al. (2007a) Comparing Models of Helper Behavior to Actual Practice in Telephone Crisis Intervention. Suicide and Life-Threatening Behavior, 37(3), 291-307.
Mishara, B.L., Chagnon, F. & Daigle, M. et al. (2007b) Which Helper Behaviors and Intervention Styles are Related to Better Short-term Outcomesin Telephone Crisis Intervention? "Suicide and Life-Threatening Behavior, 37(3), 308-314.
内閣府 (2012)『平成 24 年度　自殺対策白書』
内閣府 (2012)「自殺に対する意識調査」
Neimeyer, R.A., Fortner, B. & Melby, D. (2001) Personal and Professional Factors and Suicide Intervention Skills. Suicide and Life-Threatening Behavior, 31(1), 71-82.
Neimeyer, R.A. & Bonnelle, K. (1997) The Suicide Intervention Response Inventory : a Revision and Validation.

Death Studies, 21, 59-81.
日本いのちの電話連盟編 (2009)『自殺予防いのちの電話——理論と実際』ほんの森出版
PRIME-MD PHQ-9 "こころとからだの質問票"©ファイザー社、監修：上島国利、村松公美子
Range, L.M., Campbell, C. & Kovac, S.H. et al. (2002) No-Suicide Contracts : an Overview and Recommendations. Death Studies, 26, 51-74.
Rosenberg, J.I. (1999) Suicide Prevention : An Integrated Training Model Using Affective and Action-Based Interventions. Professional Psychology : Research and Practice. 30(1), 83-87.
Slovak, K. Brewer, T.W. & Carlson, K. (2008) "Client Firearm Assessment and Safety Counseling : The Role of Social Workers."
Stuart, C., Waalen, J.K. & Haelstromm, E. (2003) Many Helping Hearts: an Evaluation of Peer Gatekeeper Training in Suicide Risk Assessment. Death Studies, 27, 213-333.
シュナイドマン, E.S.（1985＝1993）『自殺とは何か』白井徳満・白井幸子訳、誠信書房
高橋祥友 (1989)「自殺予防からみたアメリカ精神科医療のいくつかのトピックスについて」『自殺予防と危機介入』13, 2-12.
WHO（世界保健機関）(2000=2007) 自殺予防「カウンセラーのための手引き」（日本語版初版、監訳：河西千秋、平安良雄、横浜市立大学医学部精神医学教室より）
WHO（世界保健機関）(2000=2007) 自殺予防「プライマリ・ケア医のための手引き」

第2節　コミュニティで取り組むこと

1. 多層レベルへの介入

　自殺を予防するためには、多層的な取り組みが必要とされています。私たちは、その中で、ゲートキーパーの養成に特化して取り組んできました。一方、実際にゲートキーパーやその関係者が自殺の危機にある人への対応を行おうとすると、コミュニティにおける環境づくりの必要性を痛感することも多くでてきます。そこで、本節では、コミュニティで、ゲートキーパー養成以外で取り組むべきポイントに触れておきたいと思います。

　第2章でもふれたように、国際連合が2012年に提示した『自殺予防のための公衆衛生活動』でも、自殺予防のために多層的なレベルへの介入が必要とされています。

表3-7　国際連合『自殺予防のための公衆衛生活動』で掲げられた主要な介入方法

対象レベル	具体的取り組み
一般人口	①自殺手段への容易な接近の制限
	②多量飲酒等を控えることを自殺予防活動の一環で呼びかけ
	③メディアの報道の適切化への支援
自殺の危険性の高い人々	①ゲートキーパーの養成
	②地域をあげての取り組みの強化
	③遺族をはじめとするサバイバーへのケア
個人レベル	①精神疾患を有する人へのケア
	②自殺未遂者へのケア

　このような枠組を参考に、日本のコミュニティで取り組めることについて補足しておきたいと思います。

2. 多量飲酒を抑制する

　一般人口を対象に、自殺予防活動の一環として、多量飲酒を控える呼びかけが大切とされています。奈良県（2013）が実施した自殺率の低位性の研究

によると、日本においても、アルコール消費量の少なさ、世帯あたりの貯蓄額の多さ、人口あたりの宗教者の数は、自殺の低位性と相関関係がみられました。日本はアルコールの消費について寛容な文化を持つ国ですが、多量飲酒については、今以上に抑制的になるよう、取り組むべきだと思われます。

また、保健福祉医療の専門職の間で、アルコールの摂取と自殺の強い関連性について正しい認識が欠けていることが見受けられます。正しい認識を高めていく必要があります。例えば、医療機関の窓口などで、アルコール摂取をしているという理由で、自殺危機のある人の受診を阻むようなことのないようにしていく必要があります。

3. マスコミ報道の適正化

国連がマスコミ報道の適正化のための手引きを出しているように、マスコミの自殺に関する報道の仕方には配慮が必要です。自殺が生じたときに、その方法を詳細に述べることや、自殺という手段を選択したことを感傷的に取り上げることなどは慎まれるべきです。マスコミ報道では、自殺をしてしまった方や遺族の方への共感を示すとともに、報道をみている人に対しては、自殺をすることが唯一の手段ではないはずで、自殺を考えるほどに思い詰めている人は、適切な人や機関の支援を得るように呼び掛けていただきたいと思います。

4. コミュニティづくりと活動

自殺の少ないコミュニティづくりを目指すためには、どのようなことがポイントとなるのでしょうか。地形などについては、コミュニティの住民ができる工夫の余地が少ないかもしれませんが、自殺の少ない地域（自殺希少地域）と高い地域とを比較したところ、自殺の少ない地域は山間部よりも海岸部の低地にあること、そして、可住地人口密度の高い市区町村に多いという分析結果が示されています。これらの地形の違いは社会資源の多寡や福祉保健医療サービスへのアクセスの良さと関連しているのではないかと分析されています（岡・藤田・山内, 2012）。

コミュニティの特性を比較した調査では、自殺の少ない地域では、①コミュニティはゆるやかな紐帯（日常的な近所つきあいはゆるやかな傾向）、②身内意識が強くない（他者排除の傾向が強くない）、③援助希求への抵抗が小さい、④他者への評価は人物本位、⑤意欲的な政治参画の5つが自殺の抑制因子として抽出されています（岡・山内, 2010 ; 岡・山内, 2011 ; 岡・山内, 2012）。

　コミュニティの特性は、地域の歴史と文化とも密接に結びつき、長い時間をかけて形成されてきたものです。短い期間で容易に変わるものではないかもしれません。それでも、さまざまな取り組みを重ねることには意味があると思われます。私たちも、交通の便の良くない山間部等でワークショップを実施してきました。同じ地域で2年以上にわたり複数回ワークショップを開催した後で、その地域の専門職から「地域の人々の意識が変わってきたことを感じる」と聞かされることがあります。このような結果は、今後、コミュニティにおける啓発活動や、新たな小地域活動を展開していくときのヒントになるのではないでしょうか。

　それでは、自殺死亡率が高いコミュニティではどのような取り組みが求められているのでしょうか。地域の実情に応じた取り組みがコミュニティごとに求められている（本橋, 2011）ことは言うまでもありません。それでも、これまでに効果があるとされた取り組みを参考にすることには意味があると思われます。日本で人口規模が小さく（1,400人から7,000人）、高齢化率が高く（15-30%）、自殺率が極めて高い地域（高齢者の自殺死亡率が160以上）で自殺予防の取り組みが5年以上なされてきており、その効果は国際的にも認知されています。それは、新潟県（旧松之山町、旧松代町、旧安塚町）、岩手県（旧浄法寺町）、青森県（旧名川町南地区）、秋田県（旧由利町）における取り組みです。いずれの地域でも、うつ病予防（と自殺防止）をテーマとする啓発活動、高齢者を対象としたうつ状態のスクリーニング調査（秋田県由利町を除く）、精神科医師が関与する陽性者への関わり、訪問活動や、グループ活動がなされました。その結果、高齢の男女ともに自殺率が有意に低減（浄法寺町と松之山町）、あるいは高齢女性のみで自殺率が有意に低減（松代町、安塚町、名川町、由利町）しました（Oyama et al., 2005 ; Oyama et al., 2006 ; 大山他, 2006 ; 大山博史・渡邊洋一, 2008 ; 渡邉, 2010 ; 坂下, 2010）。福祉保健医療の

専門職が意図的に、危険性の高い人を早期に発見し、精神科の関与が得られるシステムの中で関わり、訪問やグループ活動の場を継続的に提供することにより、自殺率が減少することが示唆されています。

5.「つなげる」実践と「面で支えていく」体制づくり

　コミュニティの環境づくりがどれほど整っても、人が自殺「危機」に陥ることは今後も生じるでしょう。ゲートキーパーや関係者は、自殺危機にある人を発見したら、一人で抱え込まず、自殺危機にある人を共に支えてくれる仲間（機関や人）へつなげていきます。そのときに必要となることや課題は、拙稿（2012）で整理しました。その中で特に大切なのは、ゲートキーパーや関係者が、一人で抱え込まないほうが良いのだと確信を持って動くこと、自殺危機にある人の自殺の危険性をある程度把握できること、危険性に応じて適切な機関や人へつなげていくこと、そして、つなげる相手先の機関や人と直接連絡をとり、本人の了承を得た範囲で、支援の必要性や自殺の危険性等を具体的に相手に伝えていくこと、などです。ゲートキーパーや関係者には、臨機応変な対応をする力や、ねばる力が必要となってきます。

　その後、多くの場合、ゲートキーパーや関係者はつなげた先と長期的な連携体制を築き、自殺危機にある人を長期的に支えていく必要があります。ゲートキーパー自身が連携の中核となるときもあるでしょう。あるいは、他の福祉保健医療の専門職に連携の要の機能を委ねるときもあるでしょう。いずれにしても、自殺危機にある人を地域で支えていくときには、長期的な視点で、複数の人が関わりながら「面で支えていく」体制づくりが必要となります。

6. 精神医療サービスの利用

　前述しましたが、自殺した人の9割は、自殺に至る直前に何らかの精神疾患にあてはまる状態にあったとされています。その6割は気分障害（うつ病、そううつ病等）とされています（WHO, 2000=2007a；玄・張, 2009）。また、もともと精神疾患を有している人の自殺リスクは高いです。入院を要したうつ

病の人の4%、統合失調症の人の4%、アルコール依存症の人の3.4%、パーソナリティ障害の人の5.1%が一生涯のうちに自殺されるという生涯自殺率の数値が紹介されています（玄・張, 2009）。これらのことから、ほとんどの場合、自殺の危険性の高い人は、精神医療サービスにつなげることが適切です。ただ、精神医療サービスにつなげるときに、ゲートキーパーや関係者は、いくつかの障壁に向きあい、乗り越えなければなりません。

(1) ご本人やご家族の抵抗

　精神疾患への偏見は根強いものがあります。うつ病は「心の風邪」とも言われ、精神科の敷居は近年低くはなってきたとはいうものの、当事者の立場になることについては、依然、強い抵抗を感じる人もいるでしょう。ご本人やご家族の強い抵抗は、ご自身の精神疾患への強い偏見によるものもあるでしょう。一方で、精神疾患に対する世間からのスティグマへの恐れからくるときもあるでしょう。そこで、ゲートキーパーや関係者は、そのようなご本人やご家族の不安に寄り添う必要があります。そして、コミュニティでは、引き続きスティグマを取り除く取り組みをしていくことが望まれます。

(2) アクセス

　精神医療サービスへのアクセスに困難が伴うこともあります。ゲートキーパーや関係者が、自殺の危機のある人を発見し、うつ症状などの精神疾患があるように感じて精神医療サービスへつなげようとしても、なかなか受診に至らないことがあります。その理由の一つに、多くの精神科クリニックで、初診の患者の受付を予約制にして制限的に受け付けているため、1か月半から2か月先まで初診の予約がとれないことがあります。私はここ1年、全国の都府県の関係者に、初診の予約をとるのに苦労があるかたずねてきましたが、（例外的に自殺率の極めて高いある県の大学病院関係者は、苦労はないと回答されましたが）ほとんど全ての地域で、多くのクリニックにおいて初診が予約制になっているため、1か月半から2か月先まで初めての受診ができず苦労している、との回答を得ました。ゲートキーパーや関係者からすると、自殺危機にある人の状態が悪化してしまう前に受診につなげたいのに、通常のルートではそれがなかなか難しいのです。状態が悪くなってしまってからの

緊急対応の仕組みはある程度整備されてきましたが、そこまで至らないときのアクセスの仕組みがほしいところです。

（3）精神医療サービスの継続利用

　精神医療サービスへ自殺危機のある人をようやくつなげることができたとしても、利用の継続に結びつかないこともあります。ご本人やご家族は、恐らく、即効性のあるわかりやすい精神医療サービス利用の効果を期待するのでしょう。それに対して、精神医療サービスはその効果が感じられるまでに一定以上の時間が必要であることが多いのでしょう。また、その効果はわかりやすいものばかりではないでしょう。その上、効果を実感する前に服薬に伴う副作用を感じたり、薬への依存に対する恐れを感じたりして、比較的早期に精神医療サービスの継続利用をやめてしまうことがあります（「受療中断」）。ゲートキーパーや関係者は、ご本人やご家族のそのようなもどかしさや不安などに寄り添いながら、継続的に支援を続けていく必要があります。

　以上のように、ゲートキーパーの養成が生かされるためにも、コミュニティでは、多層的な取り組みが求められます。ここでは、未遂者へのケアと遺族をはじめとするサバイバーへのケアについては、専門書も多くあるので詳説しませんでしたが、それらのハイリスクの方へのケアもしていく必要があります。それぞれのコミュニティで、地域の実状に応じた自殺予防の取り組みがなされていくことを願っています。

【参考・引用文献】
福島喜代子（2012）「自殺対応とソーシャルワーク——つなげる実践と専門性」『ソーシャルワーク研究』38-3, 156-168.
玄東和・張賢徳（2009）「自殺と精神病理」『精神医学』51(11), 1043-1052.
奈良県（2013）『自殺死亡率低位性の研究』
岡檀、山内慶太（2010）「高齢者自殺の自殺希少地域の自殺予防因子の探索——徳島県旧海部町の地域特性から」『日本社会精神医学会雑誌』19, 199-209.
岡檀、山内慶太（2012）「自殺希少地域における予防因子の研究——徳島県旧海部町の住民意識調査から」『日本社会精神医学会雑誌』20, 213-223.
岡檀、山内慶太（2012）「自殺希少地域のコミュニティ特性から抽出された『自殺予防因子』の研究——自殺希少地域および自殺多発地域における調査結果の比較から」『日本社会精神医学会雑誌』21, 167-180.

岡檀、藤田利治、山内慶太（2012）「日本における『自殺希少地域』の地勢に関する考察——1973年～2002年の全国市区町村自殺統計より標準化死亡比を用いて」『厚生の指標』59(4), 1-9.

大山博史・渡邉洋一・坂下智恵ほか（2006）「わが国における自殺予防対策と最近のエビデンス——地域介入による高齢者自殺予防活動のレビュー」『青森保健大学雑誌』7(1), 157-160.

Oyama, H., Watanabe, N. & Ono, Y., et al. (2005) Community-based Suicide Prevention through Activity for the Elderly Successfully Reduced the High Suicide Rate for Females. Psychiatry and Clinical Neurosciences, 59, 337-344.

Oyama, H., Ono, Y. & Watanabe, N. et al. (2006) Local Community Intervention through Depression Screening and Group Activity for Elderly Suicide Prevention. Psychiatry and Clinical Neurosciences, 60, 110-114.

坂下智恵（2010）「うつ病スクリーニングによる地域介入と中高年者自殺予防——最近のエビデンスに関するレビューと本邦の介入事例」『青森保健大学雑誌』11, 137-141.

第4章

自殺危機初期介入の実際

○○○○○

　前章で説明した自殺危機初期介入に必要なスキルについて、実際にはどのように行えばいいでしょう。前章では、自殺に関する考えや信念を確認する、サインに気づくことの大切さについても説明しましたが、本章では、①信頼関係を構築する、②置かれている状況を把握する、③危険性を測る、④安全確保・支える仲間へつなぐ、⑤フォローアップについて、具体的に説明していきたいと思います。

　なお、前章でも述べましたように、自殺危機にある人への対応で、どのような相手でも必ずうまくいく対応方法は残念ながらないといえます。具体例をあげずに、抽象的な方向性や留意点だけをあげていったほうが執筆するほうも楽です。しかし、抽象的な留意点だけを知識として得ても、実践で具体化することは一般に難しいです。本書の主旨を考えると、具体的な例をあげることによって、はじめて多くの人が地域で活動するゲートキーパーとしての対応をイメージできると思いました。そこで、思い切って具体例を示します。それぞれの例はあくまでも一例です。実際には、目の前にいる人を理解し、ニーズに合わせて、繊細な配慮をしつつ、粘り強く行う必要があります。また、ここでは、原則として好ましいとされる対応をあげていますが、ときには、原則にとらわれず、臨機応変な対応をする必要があります。信頼関係を築いた後、熱意とねばりで「自殺しかない」と考えている人を「生きていていいのかもしれない」という方向へスイッチする支援をすることが目的なのですから。

1. 信頼関係の構築

（1）傾聴

　信頼関係の構築をしていくときに、大切だとされるのが、まずは傾聴することです。

　傾聴をしなさいと言われ、そのことを理解していても、人と話をするときに本当に傾聴することは意外と難しいです。

> **例1-1-1**

「わたしなんかいなくなったほうがいいのよね〜」
と言われたとき、どのような応答をしがちでしょうか。

> **例1-1-2　（×　良くない例）**

親しい人に対してであれば
「そんなことないわよ」
と即答してしまうこともあるのでしょう。

> **例1-1-3　（×　良くない例）**

年上の人が年下の人の話を聞いているときであれば、
「若いのに何バカなこと言ってるの」
「将来があるのに」
と即答してしまうかもしれませんね。

> **例1-1-4　（×　良くない例）**

逆に、お年寄りの話を若い人が聞いているときであれば
「長生きしてくださいよ」
と即答してしまうかもしれません。

　こうやって、文字で読むと、「軽くいなしている」という感じを受けませんか？

上記いずれの例も、ある意味、人間らしいやりとりなのです。人間らしい、よくあるやりとりなので、「まずい」と思わずに応答してしまうでしょう。
　しかし、上記のやりとりは、傾聴していたことになるでしょうか？　傾聴とは、相手がどのような話をしてきたとしても、まずは、じっくり話を聞いて、その人の心の奥にある気持ちなどを聞き出すことです。
　傾聴は意外と難しいのです。その上、このとき、相手の人は自殺をほのめかしていた可能性があるのです。ほのめかしたとして、それに聞き手は気づくところにたどりつけるでしょうか？　例にあげられたようなやりとりだけをしていると、相手は心を閉ざし、「この人に言っても仕方ない」と早く見極めるので、心の奥にある思いを打ち明けることはないでしょう。

（2）質問の仕方

　自分の価値観を相手に押しつけず、相手の話をじっくり聞くときには、いくつかのポイントを押さえて話を聞くと良いとされます。親しい人との間であれ、まだ親しくない人の話を聞くときであれ、まずは、開かれた質問をしていく必要があります。開かれた質問とは、閉ざされた質問の反対語です。閉ざされた質問は「はい」「いいえ」で答えられる質問のことなので、開かれた質問は、その反対に、「はい」「いいえ」では答えられない質問のことです。
　あなたは、久しぶりに会った知人の様子が気になって声かけをするとき、どのような声かけをするでしょうか。

①閉ざされた質問

　関わりのはじめの時期に、閉ざされた質問のみで対応することは好ましくありません。まずは、好ましくない例として、閉ざされた質問の例をあげます。

例1-2-1（×　良くない例）

若い友人同士のとき
「どうしたの？　雰囲気クライよ〜」
などの声かけはどうでしょう。
今の若い人は、このように言われるととっさに

「いやいや、何でもないよ」
(つまり、=「いいえ」と回答している。閉ざされた質問になっていました)
と「空気を読んで」しまい、とりつくろってしまうかもしれません。

例1-2-2 （× 良くない例）

成人同士で
「何？ 疲れてるみたいね。元気だしてよ〜」
などの声かけはどうでしょう。
成人で、いきなり「疲れているみたい」「顔色悪い」などと声かけされると、どのように感じるでしょうか。「心配されている」と感じるより、(若々しさがなくなった、健康にみえないと) 評価されているような気持ちになって、心を閉ざしてしまうかもしれませんね。
「そう？ そうでもないけど」
(つまり、=「いいえ」と回答している。閉ざされた質問になっていました)
などととりつくろってしまうかもしれません。

例1-2-3 （× 良くない例）

公的・非営利な機関での窓口対応
「○○の手続きについては△△してください。おわかりになりました？」
(閉ざされた質問のみで会話が終わっています)
あるいは
「そのことについては、こちらの窓口では対応できませんので、△△へ問い合わせをしてください。問い合わせできますね？」
「はい」
(閉ざされた質問のみで会話が終わっています)

　このとき、対応した者 (ゲートキーパー) は、「この人顔色悪いな」と思っていても、これ以上会話を続けることはないでしょう。対応した者 (ゲートキーパー) は、職業人として、時間に追われ、さまざまなことへ次々に対応しなければならないこともあります。多少、相手の顔色の悪さが気になっても、丁寧に相手の状態や調子をたずねることをあえてしないこともあります。

しかし、「相談窓口」での対応、あるいは、地域で早期発見・早期対応を担う人材としての役割を期待されている者としてどうでしょう。相談に来た人の心に届く対応になっているでしょうか？　あまりに早い時期に解決策の提示をされたり、あるいは、困っている事項の名称（多くは表面上の困りごと）がわかった途端に他の人への相談を促されたりすると、対応した者（ゲートキーパー）には、相談に来た人の気持ちなどを受け止める気がないことが、すぐに相手に伝わってしまいますね。

②開かれた質問（良い例）
　信頼関係を築く話の聞き方をしていくためには、開かれた質問、つまり、「はい」「いいえ」では答えられない質問をしていく必要があります。「はい」「いいえ」では答えられない質問とは、答える側に回答の幅がある質問や、どのような内容でも切り出せるような質問のことです。
　多くの人が自殺のサインに気づくためには、忙しくても、アンテナを張っておく必要があります。

例1-2-4　（○　良い例）
「最近、調子はどう？」
これは開かれた質問です。
答える側は
「とても調子いいよ～」
と答えてもいいし、
「むちゃくちゃ悪いね～」
と答えてもいいし、
「まあまあだね」
「そこそこだね」
と答えてもいいです。自分の調子にあわせて回答できる質問です。回答する幅のある質問なので、開かれた質問となります。

例1-2-5　（○　良い例）
また、

「さっき、「世の中嫌なことばかりだね」とおっしゃいましたが、最近、身近なところで何かありましたか？　何がありました？」

これも開かれた質問です。前半だけでは、「いいや、何もない」と答えられる閉ざされた質問にもなりますが、後半が「はい」「いいえ」で答えられない、開かれた質問になります。

そこで、

「たいしたことはないんだけどね……」「じつは……」

とか

「うーん、人に言うほどでもないんだけどね。ちょっとね……」

などと、本人の抱える問題を引き出しやすい質問となっています。
このような質問をすることによって、はじめて、相手の人は、「この人には何でも話していいのかな……」とポツポツと、話し出すこともあるでしょう。

このように、話を聞きはじめるときには、「開かれた質問」をできるだけ効果的に用いていきましょう。

（3）応答の仕方

相手が話をはじめたとき、私たちはどのように応答するでしょうか。やっとのことで、自分のことを話しはじめても、私たちの応答の仕方次第では、相手は心を閉ざしてしまいます。応答の仕方によって、話がすぐに切り上げられてしまうこともあれば、深まっていくこともあります。よく話を聞く、相手のことを審判しないで、こちらの価値判断を押しつけないで話を聞くためには、上手に応答する必要があります。

①肯定する

肯定するとは、ここでは相手の考えや状況の認識などをいったん受け止めることです。

ゲートキーパーの役割を期待されている、地域の公的機関の職員、非営利法人の職員や、ボランティアとして福祉・保健活動に関わる人は、さまざまな価値観や考えを持つ人と関わります。いつも「受け止めやすい」と感じる

人ばかりに対応するわけではありません。中には、そのまま受け入れることが困難だと感じる価値観や考えの人もいます。例えば、投げやりな態度の人、後ろ向きな考えの人、反社会的な考えを持つ人などです。また、相手の立場を想像しても、自殺危機にある人と同じように感じるのは難しいときもあります。前述しましたが、このようなとき、自分の価値観や考えを押しつけてしまうと、信頼関係の構築は難しくなります。どのようなときでも、自分の価値観や考えを押しつけずに、まずは、いったん受け止める必要があります。そこで、「肯定する」を用いることによって、相手のペースに沿いながら話を聞いていきます。

例1-3-1

「どうせ俺なんか、全くの役たたずだから、いなくなったほうがいいんだ」
と言われたときどのように応答しますか？

例1-3-2 （×）

友人であれば
「そんな風に自虐的な考えをするのはよせよ」
とすぐに否定してしまうかもしれません。

例1-3-3 （×）

あるいは、職場の同僚であれば
「何言ってるの、そんなことないよ、がんばってよ」
と考えを否定した上で、はげましにかかってしまうかもしれません。

このような応答は、相手の価値観や考えをいったん受け止めていません。それではどのように応答するほうがいいでしょうか。

例1-3-1（再掲）

「どうせ俺なんか、全くの役たたずだから、いなくなったほうがいいんだ」

に対して
良い肯定の例として、

例1-3-4 （○）

「そういう風に考えてしまうんだね」
と相手の言っていることをまずは肯定します。
あるいは、

例1-3-5 （○）

「そういう状況だと思って（認識して）しまうのだね」
と肯定します。これは、状況の認識の肯定です。
「認識して」が（ ）に入っているのは、一般に、応答の中で「認識」という言葉は用いないであろうからです。「思って」という言葉の中に「認識して」というニュアンスが含まれていると理解してください。
これは、

例1-3-6 （×）

「その通りだね」
という同意ではありません。
また、

例1-3-7 （×）

「そう考えてしまうのは当然だよ。わかるよ」
などの安易な同調でもありません。

さまざまな状況が生じたときに、その状況をどのように認識しているかは人それぞれであり、自殺危機にある人の認識を、あるがままに、いったん受け止めたのが先ほどの1-3-5の例です。それは、上記の2つの1-3-6や1-3-7とは異なります。

また別の例としては、

例1-3-8

「自分の家も会社も自分自身もズタズタにしてしまいたいよ。何もかもナシにしたい」

などと言われるかもしれません。

「肯定する」を使って、あなたはどのように応答しますか？

例1-3-9 (×)

「それはダメだよ」

といきなり反対意見を述べるのは「肯定」にはあたりません。むしろ、「否定」ですね。自分の考えが「正しい」と自信がある人は、ためらいもなく言ってしまいそうですね。

例1-3-10 (×)

「それくらいなら、△△したほうがいいよ」

と解決方法を示したくなるかもしれません。これも自分の考えや、やり方が「正しい」と思っている人は、すぐに示してしまいそうですね。しかし、信頼関係を構築する前に、安易に解決方法のみを示すと、相手には、「この人は、自分の精神的な痛みをわかろうとはしていないのだな」と伝わってしまいます。

例1-3-11 (×)

「○○には相談したの？」

ようやく心を開いて、あなたに自分の悩みを打ち明けはじめようとしているのに、悩みの概略をつかむ（アセスメントの）前に、「他の人へ相談したらいいのに」と示唆してしまっています。このような、早すぎる他機関の紹介は、自殺危機にある人には、「この人は、自分の悩みを聞くつもりはないのだな」と伝わってしまいます。

例1-3-12 (〇)

「自分自身も、会社も終わりにしてしまいたいと考えてしまうのですね」

「**自分も会社もほうり投げてしまいたい気持ちなのですね**」

などといったん受け止めると、自殺危機にある人は、「この人は、自分のことを批判したり否定したりしないで、受け止めようとしてくれている」と伝わります。

このように、応答では、「肯定する」を効果的に使いましょう。特に自分と異なる考えや感じ方を示されたときに、活用しましょう。

②共感する

　共感するとは、相手の立場だったらどのような気持ちだろうと想像し、感じることです。心の中で、相手の立場を想像し、その人の立場であったら、どのような気持ちになるだろう？　と感じることができると、共感できたことになります。そこで、人は直接接することの全くない人に対しても共感できます。こちら側が、相手の立場を想像し、感じることができればいいからです。

　共感を反映する

　人と関わり、質の高い信頼関係を築くためには、共感したことを相手に伝えることが必要となります。そこで、共感を反映することが求められます。

　共感を反映する、あるいは、反射する、とは、共感していることを相手に何らかの形で伝えることです。そもそも、非言語的コミュニケーションでも反映は行えます。例えば、眉をひそめる、目を細くして眉間にしわを寄せる、肩をすくめる、大きくうなずく、あいづちを打つときのトーンなどで共感を表すことは共感の反映になります。しかし、非言語的コミュニケーションは、別のことに気持ちや考えがとらわれていたりする人（自殺危機にあるような人）には伝わりにくいです。また、電話ではこちらの非言語的コミュニケーションはなかなか伝わりません。

　そこで、共感的反映をするとき、言語化することが大切です。できるだけ気持ちを表す言葉を使って、こちらが共感していることを相手に伝えます。ゲートキーパーは、繊細なレベルで気持ちを表す言葉を多く持っていて、それが使えると、より早く信頼関係の構築ができます。

例1-3-13

「職場ではみんなが白い目で自分をみるんだ。以前はお昼休みに一緒に食べにいっていた同僚たちが自分を避けているようなんだ。課長にはきのうも皆の前で小言を言われたよ」
と言われたら、どのように共感しますか？

例1-3-14 (×)

「そんなことはないでしょう。ちゃんと自分で確かめてみましたか？」
と答えるのはどうでしょう？
ありえそうな応答の仕方ですが、共感になりますか？
「否定」と「解決方法の提示」になっていますね。共感の言葉はありません。

例1-3-15 (×)

「そんな状態じゃ、奥さんも心配しているでしょう」
これはどうでしょう？
ご夫婦ともに知り合いである場合、特にありそうな応答の仕方ですね。共感になりますか？ 奥さんへの共感ではあっても、話しているご本人の心情への共感は示せていません。

例1-3-16 (×)

「えー、かわいそうですね〜」
これはどうでしょう？
これは、聞き手の同情の気持ちを言葉にして、相手に投げかけただけです。話し手の気持ちを想像しての共感ではありません。
同情の気持ちは、人間として持ってはいけない感情ではありませんが、相手に直接投げかけると、自分は安全なところにいて、相手を一段下にみていることが相手に伝わってしまうことが懸念されます。あからさまな同情は誰にとっても気持ちのいいものではないでしょう。

第4章 自殺危機初期介入の実際

例1-3-17（×）

「私も似たような経験をしましたよ」
「私も同じような気持ちを体験したからわかりますよ」

　自分の「似たような経験」を材料に応答するのは共感にはあたりません。そのような応答は、相手（自殺危機にある人）のそのときの気持ちを十分想像できていないときに、なされている可能性があります。
　すぐに自分の経験談を持ち出す人は注意が必要です。せっかく相手（自殺危機にある人）が話し始めたのに、「私も……」と応答することで、話の焦点をこちら側に引き寄せてしまうからです。十分な共感をせず、信頼関係が構築される前に、自分の経験談を話してしまうと、相手は、「聞き役」を押しつけられているように感じてしまうこともあります。
　また、相手（自殺危機にある人）の経験……それも、この場合、死ぬほどに追い詰められている経験……と、聞き手（ゲートキーパー）の経験を、「似たような経験」の一言ですませてしまうことには危険が伴います。相手（自殺危機にある人）からすると、「自分の話を重く受け止められていない」、と聞こえるかもしれません。
　ただし本当に似たようなつらい体験をした人が、ゲートキーパーとして話を聞き、アドバイスすることには意味があることがあります（特に、自助グループの場はこれにあたります）。しかし、個人の体験は、一つひとつ固有のものです。ゲートキーパーは、安易に「同じだ」と言い放たず、よく話を聞き、共感していくべきです。自分の経験を開示するのは、その自己開示が相手のためになると明らかなときにとどめるようにします。

例1-3-18（○）

「たいへんですね」
「つらいですね」

　これらはどうでしょう。
　話し手は、そのような立場にあって、「たいへんだ」や「つらい」と思っているかもしれませんね。一応、共感になっています。これらの言葉は、どんな繊細な気持ちも傘下に置ける便利な言葉です。初心者は、

積極的に使えばいいと思います。

ただ、あまりに便利な言葉ですので、この言葉をあいづち代わりに乱発すると、深みのないやりとりになります。また、「たいへんだ」「つらい」の下にどのような繊細な気持ちがあるのかを想像して言語化する力があるほど、共感は深みのあるものになります。そこで、これらの言葉の多用には注意が必要だと思います。

例1-3-19 （○）

「いたたまれないですね」
「居場所がないように感じるかもしれませんね」
「絶望的な気持ちにもなられたでしょうか」

これらは、相手の立場だったらどのような気持ちになるかを想像して、言語化した例として、良い例となります。あくまでも推測して、「このような気持ちなのではないですか」と相手に伝えてみるという姿勢が大切です。

人の気持ちは、本人にしかわかりません。どのような専門家であっても、常に相手の気持ちを完全に言い当てることはありません。100％言い当てなくて良いのです。繊細なレベルで気持ちを理解しようとしていることが相手に伝わることが大切なのです。気持ちを想像して言語化して伝えてみたとき、それが本人の気持ちと異なる場合は、「いや、そうではないんだ。○○という気持ちなんだ」と本人が言い換えてくれることもあります。このようなやりとりは、お互いに、精神的痛みの理解を深め合う、良いやりとりとなります。

自殺の危機にある人の気持ちとして、絶望、無力感、耐えられない孤独感、板挟み感、人の重荷になっている、などが強いと自殺のリスクは高いです。また、最も危険度の高いときには、焦燥感や衝動性がみられるとされています。これらの気持ちが明らかに強いときは、注意深く対応します。

③キーワードを繰り返す

人とのコミュニケーションを深めていこうとするとき、相手のペースに合

わせて話を聞くことが大切です。そして、話を聞いていることが相手に伝わる話の聞き方をする必要があります。そこで、キーワードを繰り返すスキルを使ってください。キーワードを繰り返すとは、相手の話の中の重要な言葉を、あいづち代わりに繰り返すことです。キーワードとなる単語やフレーズを、ニュートラル（中立的）に、自分の価値判断を含まないで、語尾を上げずに繰り返すことがポイントとなります。

例1-3-20　通常のあいづちのみ　（△）

傾聴では、「あいづちを打つ」が奨励されていますね。
「うちの姑に認知症のきざしが見えてきたのは、数年前からなんです」
「ええ」
「その頃私は、フルタイムで仕事をしていて、子どもたちもまだ高校生くらいだったんです」
「……（うなづき）」
「姑がだんだん、調味料などがわからなくなってきて、それを家族に指摘されると、烈火のごとく怒りだすようになってきて……。なんだかおかしいなあと思いはじめてはいたんです。姑はもともとはおとなしい、常識的な人だったもので」
「ええ」
「あるとき、家に帰ると、何か、見慣れない商品が姑の部屋に置いてあって。問いただすと、つじつまの合わない返事をするんですよね」
「へえ」
「姑のいないときに、悪いとは思ったのですが、姑の持ち物を見させてもらっていたら、数百万単位の領収書がいろいろ出てきてしまって」
「へえ。……」
「それから、夫と共に姑と話し合いをしたところ、『こんな家は出ていく』と怒って、しばらく、妹の家に出かけていってしまったんです」
「はあ……」
「しばらくすると、うちに、督促の電話がどんどん入るようになって。私たちは、それには対応しなかったんです。姑には伝えましたけど。そのうち、私たちの住んでいる家は、半分が姑の名義だったもので、それ

に差し押さえが入ったとか言われて、家を出ていけという電話が入るようになったんです」
「ええ……」
「それからは、身の危険を感じるような目にも遭いましたので、子どもたちを守るために、とりあえず、このアパートへ引っ越ししました。そして、その後、毎日泣き暮らしていました」
「ところが、その直後に、姑がいよいよ認知症というのですか、それが進行して……、もう手に負えない、長男の嫁がみるべきだ、そちらで面倒みてほしいと、妹から連絡があり、姑とこのアパートで同居する生活がはじまったんです」
「へえ」
「もう、どうしていいかわからなくて、毎日毎日がただ地面をはいつくばっているような感じの暮らしになって。姑の徘徊の後を追いかけてまわるような日々を過ごしているのです」
「ええ……」

このように、あいづちを打つ、うなづく、などを繰り返すことで、傾聴になります。
ただ、あいづちは、上の空でもできてしまう面があります。あいづちは、相手の耳に何か言葉が入るわけではないので、相手も一方的に話す感じになることがあります。
そこで、キーワードを繰り返すことを取り入れると、効果的です。

例1-3-21　キーワードを繰り返す（○）

「うちの姑に認知症のきざしが見えてきたのは、数年前からなんです」
「数年前……」（○）
「その頃私は、フルタイムで仕事をしていて、子どもたちもまだ高校生くらいだったんです」
「高校生……」（○）
「姑がだんだん、調味料などがわからなくなってきて、それを家族に指摘されると、烈火のごとく怒りだすようになってきて……。なんだかお

かしいなあと思いはじめてはいたんです。姑はもともとはおとなしい、常識的な人だったもので」
「怒りだす……」（〇）
「あるとき、家に帰ると、何か、見慣れない商品が姑の部屋に置いてあって。問いただすと、つじつまの合わない返事をするんですよね」
「商品が……」（〇）
「姑のいないときに、悪いとは思ったのですが、姑の持ち物を見させてもらっていたら、数百万単位の領収書がいろいろ出てきてしまって」
「数百万……」（〇）
「それから、夫と共に姑と話し合いをしたところ、『こんな家は出ていく』と怒って、しばらく、妹の家に出かけていってしまったんです」
「妹さんの……」（〇）
「しばらくすると、うちに、督促の電話がどんどん入るようになって。私たちは、それには対応しなかったんです。姑には伝えましたけど。そのうち、私たちの住んでいる家は、半分が姑の名義だったもので、それに差し押さえが入ったとか言われて、家を出ていけという電話が入るようになったんです」
「出ていけと……」（〇）
「それからは、身の危険を感じるような目にも遭いましたので、子どもたちを守るために、とりあえず、このアパートへ引っ越ししました。そして、その後、毎日泣き暮らしていました」
「ところが、その直後に、姑がいよいよ認知症というのですか、それが進行して……、もう手に負えない、長男の嫁がみるべきだ、そちらで面倒みてほしいと、妹から連絡があり、姑とこのアパートで同居する生活がはじまったんです」
「同居が……」（〇）
「もう、どうしていいかわからなくて、毎日毎日がただ地面をはいつくばっているような感じの暮らしになって。姑の徘徊の後を追いかけてまわるような日々を過ごしているのです」
「毎日追いかけて……」（〇）

というような感じです。キーワードを繰り返すとは、相手の話の中のキーワードを繰り返すことだということがおわかりになりましたか。

この例では、あえて、すべての応答を、「キーワードを繰り返す」に置き換えましたが、実際は、あいづちと、キーワードを繰り返すと、共感的反映を交えて応答すると良いです。応答で「キーワード」が相手の耳に入っていくと、「本当に話を聞いてもらっている」と相手に伝わります。また、相手のペースに合わせて話を聞くこともしやすくなります。

その上、ゲートキーパーがキーワードの繰り返しをうまく活用すると、自殺危機にある人は、頭の中を整理し、問題解決の優先順位を整理したり、解決する方向性を見出していくこともあります。

④話をまとめる

話をまとめるという形での応答も活用します。相手の話を要約して言語化するということです。特に、相手の伝えたいことと、こちらの理解したこととを再確認するのに、「話をまとめる」の活用は効果的です。場合によっては、こちらの理解をまとめて伝えると、相手はまとめた内容に訂正を入れてくるかもしれません。それは、お互いの理解を明確化するのに役立ちます。

> 例1-3-22 (×)

「はいはい、そういうことですね」
「気持ちはよくわかります」

このような応答で会話をしめくくることもあるかもしれませんが、これは、まとめたことにはなっていません。抽象的な言葉でしめくくっているので、相手の伝えたかったことと、こちらの理解したこととのすり合わせはできません。

> 例1-3-23 (○)

「ということは、〇〇さんは、仕事を失い、家族にも去られてしまって、強い孤独感にさいなまれているということですね。それで、自分の居場所を求めて、さまよっておられたのですね」

このように、相手の話を聞いたあと、その内容のまとめをするといいで

しょう。お互いに、話されていることの理解が一致しているかどうかが確認できます。こちらのまとめた内容が、本人の伝えたいことと異なれば、本人が訂正をしてくれることもあります。そのようなやりとりによってお互いの理解が深まります。

2. 置かれている状況の確認

（1）置かれている状況の確認では、多面性と時間軸を意識する

　自殺危機にある人と関わり、話を聞くときに、残念ながら傾聴だけでは自殺の予防はできないとされています。傾聴は大切なことですが、傾聴だけでは、自殺危機にある人の置かれている状況の把握はしきれません。また、前述しましたが、自殺予防のホットラインを対象とした質的研究でも、「傾聴」に徹した話の聞き方の場合、話のはじめと終わりを比較したときに、話し手側の状態に改善がみられなかった、という調査結果もあります（Mishara et al., 2007）。

　そこで、自殺危機にある人が置かれている状態の確認をしていきます。

　自殺を考えるほどに追い詰められている人の置かれている状況を確認していくときには、多面性と時間軸を意識した質問を重ねていきます。

（2）きっかけとなったできごとの確認

　自殺は複合的な問題です。一つのきっかけ、理由だけで自殺に至る人は多くはありません。それゆえ、自殺危機にある人の話を聞くときには、その人の抱える問題を多面的に把握する必要があります。表面的にあらわれている「問題」や「課題」のみにとらわれると、対応が不十分になったり、優先順位を読み誤ったりするからです。

　そこで、自殺危機にある人の話を聞くとき、本人の訴えから、まずは、本人からみた、主たる課題を把握すると共に、他の領域においても、何らかの課題を抱えているのではないかと質問を重ねていきます。

例2-2-1

　例えば、

「眠れない」と訴える人が、追い詰められているように感じたとします。眠れないことについては、もちろん、まずは受け止めて、いつ頃からなのか、はじめの頃はどの程度眠れなかったのか、などについてたずねるといいでしょう。

しかし、それでとどまらないほうがいいです。
「眠れない」という訴えは、総合的に抱えている問題の、表面上の課題であることが多いからです。「眠れない」ことだけに対応しようとすると、不眠への対症療法のみを考えることになり、精神科あるいは診療内科の受診をすすめて終わりとなることが多いでしょう。しかし、眠れない人は、眠れない状態に至るまでに、さまざまな問題を抱えていることが多いものです。抱えている問題が軽減するか、解消しない限りは、不眠への対応をしても、事態は改善しないこともあります。「眠れない」と聞いた時、その背後にある生活問題あるいは人間関係の問題などについてたずねるといいです。

例2-2-2 生活上の課題についてたずねる
「眠れないということですが、生活する上で、何かお困りごとがおありですか」

などと、生活上の課題を何か抱えていないかたずねたりします。自分の抱えている課題について、話しはじめてくれる人もいるでしょう。その課題は、お金のこともあるでしょうし、仕事のこともあるでしょう。近隣との関係のこともあるでしょう。病気など体調が心配ということもあるでしょう。眠れないということについては、精神科や診療内科の受診をすることで対応していくのですが、それ以外に対応を必要とする課題があるのではないかということを前提にたずねていきます。

例2-2-3 周りの人との関係についてたずねる
「眠れないということですが、周りの人との関係で、何かありましたか」

などと、人間関係上の課題を抱えていないかたずねるのもいいでしょう。

生活上の具体的な課題の他に、人間関係上の課題を認める人もいるでしょう。一方、生活上の具体的な課題はないものの、人間関係が原因で深刻な状態に陥っている人もいます。それは、家族関係（親子関係、嫁姑関係、夫婦関係、親戚関係）、職場の人間関係、学校等の人間関係、近所の人との関係、宗教上の人間関係、などさまざまにあるでしょう。

例2-2-4　さらに明確化する質問をする

「眠れないということですが、先ほど、お金のことでもしんどいとおっしゃいましたが、もう少し具体的にうかがってもいいですか」

などと、生活上の課題でも、何が課題なのか、具体的にたずねます。さらに、その課題について明確化するための質問をたずねると、その人の抱えている課題がみえてきます。明確化する質問とは、具体化する質問や、一つ例をあげる質問や、状況をあげてもらう質問などです。

例2-2-5　さらに明確化する質問をする

「眠れないということですが、先ほど、人間関係に疲れたともおっしゃいましたが、さしつかえなければ、誰との関係がこじれたか、お話ししてもらえますか」

などと、人間関係の中でも、どのような人間関係がこじれているのかをたずねるのも明確化する質問となります。人間関係上の葛藤は、簡単に解決に結びつけられるものが多くなく、対応に苦慮することもあります。しかし、自殺危機にある人は、人間関係上のトラブルについて、ゲートキーパーが親身になって話を聞いてくれることによって、気持ちが少し安らかになり、自殺に対する衝動性が低くなることもあります。

例2-2-6　きっかけとなったできごとの、起点をたずねる

「お金に困って借金をはじめられたのは、いつ頃からですか？」
「そうですね……3年くらい前だったと思います……」
「3年前……」

（＊キーワードの繰り返しなどの応答をして、ひと呼吸おいてから、次の質問
へうつりましょう）。

例2-2-7　きっかけとなったできごとの、はじめの頃の程度をたずねる
「はじめにいくらくらい借りられたのでしょうか？」
「はじめは、給料日前に、友達と旅行に行く約束があって、少しだけ、
確か3万円ほど、キャッシングしたんですよね……」
「3万円……」
（＊キーワードの繰り返しなどの応答をして、ひと呼吸おいてから、次の質問
へうつりましょう）。

　この2つの質問と、「現在の借金額」についてたずねる質問とあわせて3つ
の質問をすると、話し手の、借金に関する問題が立体的にとらえられます。
　別の例でも示します。

例2-2-8　きっかけとなったできごとの、起点やはじめの程度をたずねる
「職場での人間関係、特に上司との関係で悩んでおられるということで
すが、いつ頃から困っておられるのですか？」
「そうですね……2年ほど前から気になりだしまして……」
「2年ほど前……」
（＊キーワードの繰り返しなど、応答をして、ひと呼吸おいてから、次の質問
へうつりましょう）。
「はじめの頃のきっかけはどういうことだったのでしょうか？　その頃
はどのような言われ方をしていましたか？」
「営業の仕事でノルマを課せられているのですが、チームの中で、私だ
けがノルマ達成できなかった月があったんです。そのときに、ものすご
い叱責があって……」
「身が縮む思いをされたんですね……」
（＊共感的反映などの応答をして、ひと呼吸おいてから、次の質問へうつりま
しょう）。

この質問と、「現在は、その上司との関係はどのようなものですか？」という質問と、合わせて3つの質問をすることによって、職場での人間関係について、立体的にとらえることができます。

（3）現在の生活状況や抱えている課題の実状の把握
　きっかけとなったできごとや理由は、どちらかというと、過去のことを把握する質問となります。一方、自殺危機にある人の支援をするときには、現在の生活状況や、抱えている課題の実状を把握していきましょう。このとき、生活状況、健康状態、抱えている課題の現状を把握していきます。

①生活状況
　生活状況は、朝、昼、夜の過ごし方を把握するといいでしょう。特に、日中活動があるのか、できているのか、活動の場での人との関係性は、などをたずねます。また、夜は、夜眠れているか否かの確認も大切ですが、それよりも、夕方から夜間にかけて、どこでどのように過ごしているかなどを把握するといいでしょう。生活の拠点も確認します。

例2-3-1

「昼間はどのように過ごしておられるのですか？」
「ええ……昼間、仕事がある日は、何とか仕事にいっています」
「仕事に……」（キーワードの繰り返し等）

例2-3-2

「昼間はどのように過ごしておられるのですか？」
「もう職場にはいかなくなってしまいました。足が向かなくて……」
「足が……」（キーワードの繰り返し等）

例2-3-3

「夜間はどのように過ごしておられるのですか？」
「夜明けが怖くて、自分で自分に何をするかわからない気持ちになることがあるので、そのときは、できるだけ、コンビニなどで時間をつぶし

ています」
「コンビニで……」（キーワードの繰り返し等）

例2-3-4
「夜間はどのように過ごしておられるのですか？」
「実は、最近知り合った男友達の家にいそうろうさせてもらっているんです。もう家族のもとには戻る気になれなくて……」
「友達の家……」（キーワードの繰り返し等）

このように、日中から夕方、夜間にかけての過ごし方をそれぞれたずねると良いでしょう。

②健康状態
　健康状態については、うつ病のスクリーニングで用いられるような質問をいくつかたずねるといいでしょう。うつ病のセルフスクリーニングの項目は、前述しました（57ページ）。具体的には、睡眠、食欲、興味等に関する質問などです。また、病気の状態、障害の状態、それらに伴う痛みの度合い、進行の予測などをたずねるのもいいでしょう。

例2-3-5
「夜、眠れていますか？」
「あまり……」
「あまり眠れないのですね」（キーワードの繰り返し等）

例2-3-6
「食事は食べられていますか？」
「食べても砂をかむようで……」
「砂を……」（キーワードの繰り返し等）

例2-3-7
「最近、ものごとへの興味などはいかがですか？」

「何もかも気持ちがのらなくて、ダメなんです。どうせ楽しめないに違いないと思ってしまって」
「楽しめないと……」（キーワードの繰り返し等）

例2-3-8
「ご病気がつらいということですが、痛みはありますか？」
「ええ……」
「痛みは強まってきていますか？」
「前から痛みがあったのですが、それがもう、四六時中になってしまって……」
「四六時中……」（キーワードの繰り返し等）

例2-3-9
「足の障害があるとのことでしたが、今はどのような状態ですか？」
「リハビリさえすれば良くなるって言われたのに、一向に良くならなくて……」
「一向に……」（キーワードの繰り返し等）
「歩くことについてはいかがですか？」
「それが、左足が前に出ないままで……」

このように健康状態について、うつ病の代表的な症状のチェックと、病気、障害、それらに伴う痛みや生活のしづらさの現状をたずねます。

③特定の問題や課題の現状
　特定の問題や課題を抱えている場合、その現状をたずねます。

例2-3-10
「介護が大変だと言われていましたが、今は、どのようなことが最も大変ですか？」
「夜2時間おきに起こされるのが大変で。はじめは、別の部屋で寝起きしていたのですが、夜中のトイレの失敗で、シーツ等すべて取り換える

ようなことが続いて、とうとう、母のベッドの脇に自分の布団を敷いて眠るようなりました。すると、2時間おきに起こされるんですよね……」
「2時間おきに……」（キーワードの繰り返し等）

例2-3-11

「いじめが少しあると言われましたが、今はどのような状況ですか？」
「それが……登校すると、自分の机の上に変な落書きがあったり……。また、先日は教科書がカバンから抜き去られて、トイレのごみ箱に入ってました。昨年末までは、お弁当のときに一緒に食べる友達はいたんですが、4月以降は、一人で食べています。もう、透明になりたいと思っています」
「お弁当を一人で……」（キーワードの繰り返し等）

例2-3-12

「子どもの泣き声が苦手と言われていましたが？　子どもが泣くと、どうされていますか？」
「ええ……子どもがそもそもかわいいと思えないんです。夫は、朝早くから夜遅くまで仕事に出かけていて。帰ると疲れきっていて、話ができないんです」
「孤独ですね……」（共感的反映等）
「自分も日々の育児と家事で精いっぱいで、夫の世話をろくにできず、自分はひどい妻だと思ってしまって……。それもこれも、ほとんどの時間を子どもにとられてしまうからだと考えてしまって」
「（うなづく）……」（うなづき）
「特に夕方から夕食づくりの時間帯に子どもが泣き続けると、もう、何もかも投げ出してしまいたくなるんです」
「したいことができないように感じるのですね」（共感的反映）
「それで、その後、かえって落ち込んでしまって。この前は、子どもが泣き疲れて寝た横で私が真っ暗な中座りこんでいて。夜11時に帰宅した夫に驚かれてしまいました」
「真っ暗な中……」（キーワードの繰り返し等）

第4章　自殺危機初期介入の実際

例2-3-13

「お仕事がうまくいかないとのことですが……？」
「おやじの事業を引き継いで、小さかった会社をかなり大きくしたんです。一時期は従業員数100名を超えるまでに事業を拡大できていたんです」
「100名……」（キーワードの繰り返し等）
「しかし、地震と津波がきて、店舗3つと倉庫がすべて流されてしまいました。倉庫は新しく建てたばかりだったんです。そのローンが数千万で」
「数千万……」（キーワードの繰り返し等）
「何とか会社再建を模索して、役所への書類もそろえたんです」
「書類を……」（キーワードの繰り返し等）
「しかし、ポツポツと取引先が別の地域の会社と契約を結んでいることがわかってきて……」
「契約を……」（キーワードの繰り返し等）
「これはもうダメだな、と」
「やるせないですね」（共感的反映）

このようにして、自殺危機にある人が抱えている問題の実状を把握していきます。具体的な質問をすることをためらう人もいるようですが、相手のペースに合わせて話を聞きつつ、具体的にたずねることにより、相手の置かれている状況を把握することは良いことです。

（4）立体的に把握する

支援をしようとしている人（自殺危機にある人）の置かれている状態を立体的に把握してきました。そのポイントを表4-1にまとめます。
さて、このように、話し手との信頼関係を築き、共感をしながら話を聞いていくことと、話し手の置かれている状況を把握するにつれ、「この人は大丈夫かしら？　心配だなあ」と考えることがあります。

表4-1　立体的に把握するポイント

〈多面性〉ひとつの問題ではなく、複数の問題を抱えていることが多いので、ある領域の問題を抱えていることがわかっても、他の領域の問題も合わせて抱えていないかをたずねるようにする。気分の落ち込みで悩んでいたら、経済状況、人間関係などでも課題を抱えているかなどをたずねていく。
〈時間軸〉過去から現在にかけての時間軸を意識して、初期のころの程度や状態と、今現在の程度や状態、そして、ここに至るまでにかかった時間をたずねる。
〈関係性〉抱えている問題が、生活、健康状態などにどのような影響を与えているかを把握する。

3. 危険性を測る

(1) 自殺の意図を確認する質問

　自殺でも考えているのではないかしら、心配だな、と思ったとき、信頼関係を築いた上で、前述したように、思い切って自殺の意図を確認する質問をします。張（2010）は、「何か変だな」という自分の直感にしたがって、どの職種でも自殺の意図があるかを確認する必要性を述べています。内閣府のホームページで紹介されているゲートキーパー養成研修の補助教材で作成されたビデオでも、良い対応例ではどの職種も自殺の意図があるかを確認しています。このような質問をすると、かえって自殺が助長される、という考えは「誤り」であるとされています。自殺の意図のある人は、自殺について言葉に出して話すことによって、自殺に対する強い衝動性が（一時的とはいえ）下がると言われています。一時的であっても、自殺に対する衝動性を下げることには意味があり、衝動性が低くなっているうちに、本人の精神的痛みを生じさせている課題の軽減や解決を試み、サポート体制を整え、その人の自殺のリスクをさらに下げていきます。

　実際に、自殺危機にある人のロールプレイを深いレベルで体験すると、この気持ちの動きはよく理解できます。自殺を思い詰めている状態のロールプ

レイをしているときに、自殺の意図があるか、今考えているのかをたずねてもらえると、すっと直球を投げ込んで、自分の一番の関心事に飛び込んできてもらえたような感じがします。「そうなんです。考えています」、と口に出せると、一時的にすっとして、思い詰めた気持ち、衝動性が低くなります。

　一方、腫れ物にさわるような感じで、自殺意図についての質問を避け、回りくどい質問を繰り返しされると、その人が、自分の一番の関心事から遠ざかったまま、近づいてきてくれないように感じます。

（2）ポイント

　自殺の意図を確認する質問は、練習が必要です。頭でわかっていても、いざ、本当に心配な人を目の前にしたとき、練習したことがないと、なかなか口に出せません。

　これまで多くの人を対象に研修をしてきましたが、何度も言い直してもらわないと、質問すべきことが質問できない人もいました。研修で練習してみると、このことをたずねる質問は難しい、でも、練習してみて良かった、という声が多く寄せられています。たずねるポイントは、大きく2つあります。1つめは、自殺をする、とか、自分で自分の人生を終わらせるという意味がたずねられていること、そして、2つめは今、現在、そういう考えがあるのかがたずねられていることです。「はい」「いいえ」で答えられる、閉ざされた質問をする必要があります。

　日本語はもともとオブラートで包む言語でしょうから、「はっきりとたずねる」ことに躊躇を感じることは理解できます。それでも、このことをたずねることにより、本当に自殺危機にある人の「しんどさ」に真正面から向き合えることになりますので、たずねたほうが良いとされています。

例3-2-1

「思い切ってたずねるけれども、もしかして、自殺しようと思っている？」

例3-2-2

「この世から消えてなくなろうと考えていない？」

例3-2-3

「ここで自分の人生に終止符を打とうと考えてしまっているの？」

など、は良い例です。

　次に、良くない例をあげます。次のような例では、上記のポイントをたずねていることにはなりません。もう少し言葉を足していくと（質問を重ねるなどすると）、たずねるべきことをたずねることができるのですが。

例3-2-4（不十分　△）

「死について考える？」

　死について漠然とした思考をする人は、多くいます。そのような人たちが皆、自殺を考えているわけではありません。それらの人の自殺の危険性を図るためには、自殺の意図があるのか、現在考えているのかを確認する必要があります。

例3-2-5（不十分　△）

「もう、消えてなくなりたいと考えている？」

　この質問には、今現在の生活状況から消えてなくなり、どこかへ行ってしまうことも含まれてしまいます。別の土地で人生を再開しようと考え、実行にうつす人もいます。「この世から」消えたいのかをたずねる必要があります。

例3-2-6（不十分　△）

「死んだほうがましだと考えている？」

　「死んだほうがましだ」と考えていながら、自殺は考えたことがない人は、たくさんいます。自殺の意図がない人は、「死んだほうがましだ」と考えていても、自殺の危険性は低いです。

そこでやはり、自殺の意図があるか否かをたずねないと、危険性の把握はしかねるのです。

　このように、たずねるべきことをオブラートに包んで聞いてしまいがちですが、オブラートに包んだままでは、自殺のリスクアセスメントは正確にはできません。

（3）自殺の計画

　自殺の意図があると確認できたら、自殺の計画をたずねていきます。計画が具体的であればあるほど、その人の自殺の危険度は高いと判断することになります。また、自殺の危険因子の有無を確認して、危険因子が多くあればあるほど、実現可能性も高くなるので、その人の自殺の危険度は高いと判断することになります。上手に質問を重ねて本人から情報を引き出し自殺の危険度を判断する材料を得ます。これらの材料を元に総合的に判断して自殺の危険性がアセスメントできます。

　ゲートキーパーの役割を期待される人は、立場によっては、この段階で、より専門性の高い人につなげることもあるでしょう。例えば、ボランティアや近所の人などです。しかし、一定以上の専門性を有したり（保健師、社会福祉士、薬剤師）、地域での役割が明らかであったりする人（民生児童委員、ケアマネージャー、公的機関の相談窓口職員）は、もう一歩踏み込んでこれから述べるような質問をして判断材料を得たほうがより適切な対応ができます。

　計画が具体的か否か、実現可能性が高いか否かによって、その後の安全確保やつなげる機関も異なってきます。その判断材料を得るためにも、具体的な質問は意味があります。

①計画の具体性

　まずは、計画がどれくらい具体的かをたずねます。

> **例3-3-1**
> 「自殺しようと考えているの？」（意図の確認）
> 「……うん……」

「方法は考えている？」（方法、どのようにして）
「うん。2種類の洗剤を混ぜて使おうと思って……」
「洗剤を……」（キーワードの繰り返し）
「いつ、しようか、考えている？」（時期、いつ）
「来週の月曜、自分の誕生日にしようと思っていたんだ。25歳になるんだ」
「来週の月曜……」（キーワードの繰り返し）
「場所は決めているの？」（場所、どこで）
「自宅の風呂場でね」
「風呂場……」（キーワードの繰り返し）
「もう用意はしているの？」（準備の度合い）
「1種類だけ、きのう買った」
「1種類」（キーワードの繰り返し）

② 自殺の危険因子の有無

例3-3-2

「自分で自分を傷つけようとしたことありますか？」（自傷行為の経験）
「……リスカはしてます……」
「リスカしたことあるのですね」（繰り返し）
「これまで自殺をしようとしたことは？」（自殺未遂歴）
「あります……」
「ある……」（キーワードの繰り返し）
「それはいつくらいのことですか？」（自殺未遂の時期）
「2年前に1度です」
「2年前……」（キーワードの繰り返し）
「立ち入ったことをおたずねしますが、精神科にかかったことはあります？」（精神科の受診）
「いいえ……」
「ないのですね……」（キーワードの繰り返し）
このように、自殺の危険因子の有無などを確認することによって、精度の

高い自殺の危険性の把握ができます。なお、精神科の受診歴についてですが、精神科を受診したことが「ある」となると、精神疾患がある、あるいは、あったということになります。精神疾患の既往歴がある人は、ない人と比べて、自殺の危険性は高くなります。

　一方、同じようなうつ状態にある人でも、精神科を受診している人と、受診していない人がいます。同じ状態であるのであれば、精神科にすでにつながっている人、つながったことのある人のほうが、その後の対応もしやすい面があります。うつの症状がみられるのに、あるいは、他の精神疾患の症状がみられるのに、未受診の人のほうが、その後の対応にエネルギーが必要となることもあります。日本では、精神疾患がありながら精神科を受診していない人は少なくありません。

③アルコールや薬物との関連性

　自殺は、アルコールや麻薬などの薬物と強い関連性があります。アルコールや薬物の依存症の人は、自殺の危険性が高いです。アルコール依存症になると、不眠になりやすく、また、うつ症状も出やすくなります。多量飲酒、コントロールできない飲み方の人は自殺の危険度も高いと判断することになります。日本では、多量飲酒をする人が200万人はいると推計されています。多量飲酒者の大部分はアルコール依存症にあてはまると推測されています。多量飲酒者のうち、アルコール依存の治療を受けている人はほんの一部です。

　一方、依存症ではなくとも、アルコールや麻薬などの薬物は、脳に作用して判断能力を減少させ、衝動的な行動をさせやすくします。アルコールは鎮静作用がありますが、大脳皮質に作用して、合理的に考える力や理性を麻痺させます。それゆえ、アルコールがないときよりは、アルコールが入ったときの方が人は大胆な行動をとりやすくなります。このようなことから、依存症や依存傾向のない人であっても、アルコールや麻薬などの薬物をとる、あるいは、とっている場合は、自殺の危険性は高くなります。

　対面して話を聞いているときには、たいていの場合、アルコールや麻薬などの薬物の影響を受けているか否かの判断がつきやすいです。しかし、電話による相談の場合は、その判断もつきにくいです。言語化してたずねることによって、その時点での自殺の危険度の判断がつきます。

対応としては、できるだけアルコールや麻薬を摂取しない、あるいは、量を極力減らすなどを提案し、約束してもらうことに意味があります。

　注釈：厚生労働省（2000）は、「健康日本21」で、「節度ある適度な飲酒」を推奨しており、1日平均純アルコールで20g程度を推奨しています。純アルコール20gとは、ビール中瓶1本、清酒1合、焼酎1合、ワイン1杯、ウィスキー・ブランデーダブル1杯程度をいいます。1日の純アルコールは男性で10〜19g、女性で9gまでが最も死亡率が低く、1日あたりのアルコール量が増加するに従い、死亡率が上昇すると指摘しています。
　健康日本21では、アルコールと自殺の関連性の指摘はありませんが、1日あたり平均純アルコールで約60gを超える摂取をする者を「多量飲酒者」とし、多量飲酒者は、健康への悪影響のみならず、生産性の低下など職場への影響も無視できないことから、早期の対策が必要としています。

例3-3-3

「今、お酒を飲んだり、他のお薬を飲んだりされていますか？」
「……**飲んでいます**」（危険度は高いと判断）
「量はどれくらい飲まれましたか？」
「**しこたま飲みましたっ！**」（危険度はかなり高いと判断）

例3-3-4

「今、お酒を飲んでいますか？」
「飲んでいません」
「飲んでいないのですね」（繰り返し）
「普段は飲まれますか？」
「やってられないから飲みますよ」
「やってられないのですね……」（繰り返しによる共感）
「どれくらいの量を飲まれますか？」
「毎日大きい缶ビール3本くらいかな……」
「3本……」（キーワードの繰り返し）（多量飲酒者に該当すると判断）

4. 安全確保・支える仲間へつなげる

（1）安全確保

　安全確保は、自殺の危険度に応じて実施します。危険度が比較的高い場合、より実質的・物理的な方法により安全確保をします。

例4-1-1

「洗剤を用意していると先ほど教えてくれましたけど、それを私に預からせてもらえませんか？」
「……」
「預からせてもらって、あなたの生活の立て直しをお手伝いさせてもらいたいです」
「そこまで言うなら……」

　自殺の手段が明確な場合、物理的にその手段が実行できないようにすることに意味があります。不必要にためこんでいる薬、洗剤、七輪、練炭などは預かってしまうのは良い方法です。ナイフやひもの場合にいくらでも代替物があるからとためらってしまうかもしれませんが、信頼関係を築いた上で「預からせて」「わかりました預けます」とやりとりすると、そのやりとりに象徴的な意味が付加されます。十分効果がありますので、預かってください。

例4-1-2 （△）

「自殺をしないと約束して」

と単純に相手にせまっても、抽象的で期間の限定がないと、同意は得にくいかもしれません。相手の状況への配慮や工夫が必要です。そこで、再度自分が接触する約束と合わせて期間を限定して、約束を提案すると同意が得られやすくなるでしょう。

例4-1-3 （○）

「また訪問しますね。どうでしょう、来週の水曜日の1時に訪問予約を

入れますね。そのときまでは、自殺しないと約束してくれませんか」
このような配慮と工夫があると、相手との信頼関係が築けている場合は、同意してくれることが多いものです。

自殺の危険度の高い場合は、次回会うまでの間隔は短いほうがいいです。

例4-1-4 （〇）
「明日、もう一度この時間に面接をしましょう。あなたのことを本当に心配しています。明日の面接時間までは、自殺しないと約束してくれませんか」
信頼関係が築けている場合には同意してくれることが多いものです。

相手の抱えている問題や課題に配慮した支援内容が組み込まれると、さらに、この約束は強い意味を持ちます。例えば、相手が経済的に困窮していて、かつ精神的な疲弊が激しいため、自分一人で手続きなどすることが困難であるような場合に、

例4-1-5 （〇）
「あなたの生活状況にあった、経済的な手当てが得られないか、こちらでも調べておきますね。あなたと来週のはじめにまたお会いしたいです。面接の予約をしておきましょうね。来週月曜の〇時にまたおいでください。そのときまでは、自殺しないと約束してくれませんか？」
相手の事情への配慮が含まれる、このような提案には、同意してくれることが多いものです。

自殺の危険はあっても、対応している時点では、精神科病院への入院などにはつながらない場合もあります。そのようなとき、将来にわたって自殺の危険度が高くならないという確信が持てないときがあります。近いうちに、急に自殺の衝動が高くなってしまうのではないか……などと心配なとき、ワンクッション置くことを約束してもらうのも一つの選択肢です。

> **例4-1-6**
>
> 「もし、今後、急に自殺したい気持ちが高まったようなとき、〇〇へ連絡する、と約束してくれませんか？」

　自分が職業上対応できる立場であれば、事務所の開いている時間帯に、事務所へ電話することを促すこともあります。ただ、夕方から夜間にかけての時間帯が心配なときもよくあります。そのようなとき、24時間体制で、その人の話を聞き、衝動性をしずめる対応をしてくれるところを自分の職場の連絡先と合わせて具体的に紹介しておくことも選択肢となります。「自殺防止センター（東京・大阪等）」や「いのちの電話（都道府県）」「社会的包摂サポートセンター（被災地優先）」などは大切な社会資源です。

　なお、「いのちの電話」はかかりにくいと認識されています。日本いのちの電話連盟（2009）で電話のかかりにくさを調べるために、相談員自身がリダイヤル方式でかけ続けて、つながるまでの回数調査をした結果、平均しておよそ160回に1回つながった、という結果が報告されています。同じ人が繰り返しリダイヤル方式でかけ続けているという実態があるため、別調査で、ある期間、実際にかけて、何回でつながったかをたずねたところ、50回以上かけ続けてようやくつながった人が約4人に一人、10回までにつながった人が約半数という結果が示されています（日本いのちの電話連盟, 2009）。

　このようなことから、いのちの電話などを紹介するときには、「何回もかけないとつながらないらしいけどあきらめずにかけ続けてね」など、一言添えるといいでしょう。

　また、自殺危機にある人と、ゲートキーパーが、インフォーマルなつながりを持っているとき（親しい友人、いつも行き来のある親戚など）は、自分の携帯電話番号などを伝えるのも選択肢となります。

（2）支える仲間へつなげる

　支援する人は、自殺危機にある人を一人で抱え込んではいけません。できるだけ、本人の了承を得ながら、支える仲間へつなげていきます。

> **例4-2-1**

「あなたがそこまで追い詰められているということを話してくれてありがとうございます。あなたのことを、私一人で支えていくよりも、専門的な知識がある人なども含めて、一緒にあなたを支えていきたいと思うの。だから、あなたの了解を得ながら、他の人にもあなたのことを相談していきたいと思うけど、いいですよね？」

> **例4-2-2**

「このことは、決して他の人には話さないで」（守秘義務を負わせられる約束をせまられる）
「あなたが人に知られたくないことは、他の人に話さないけど、あなたが死にたいと思い詰めるほど、追い込まれていることは、私一人で抱え込むべきではないのです。あなたの了解を得ながら他の人に相談していきたいので、そのことについて、了解してください」
（守秘の約束をしないで、他の人と共に支えていくことを提案する）

ゲートキーパーの役割で、自殺危機にある人を支えるために、心のサポートを得るための働きかけも大切です。自殺予防は難解な課題ですので、制度的なサービス、つまり、フォーマルサービスにつなげることのみを考えがちですが、自殺危機にある人は「精神的痛みの理解」をしてくれる長期的な信頼関係で結ばれる人と「つながりの再構築」がなされるようなサポートをすることも、意味があり、選択肢の一つとなります。

> **例4-2-3**

「先ほど、誰に話を聞いてもらいたいと思う？　とたずねたとき、中学時代の親友に聞いてもらいたい、と言われましたね。その人の連絡先わかりますか？
　私たちのほうで、あなたの経済状況や、気分の落ち込みなどについては、専門家と相談して支援をしていきたいと考えています。一方、あなたには、あなたの気持ちを本当にわかってくれる人からの心のサポートも必要だと思うのです。先ほどの親友に、一緒に連絡をとらせてもらえ

第4章　自殺危機初期介入の実際

ませんか？　親友の声を聞くだけでも、少しは心が落ち着くのではないかしら？」

　この「中学時代の親友」は、小学校○年の担任の先生、母方のおじさん、高校時代の運動部の監督、牧師さん、お寺の住職さん、前の職場の上司、青年会議所の世話役、老人クラブの副会長など具体的にご本人から該当しそうな人の情報を聞き出し、置き換えてください。

　自殺危機にある人への支援では、身近な人とのつながりの再構築も大切です。家族に連絡をとるなどの行為は、「押しつけようとしている」と思われそうで、ゲートキーパーは敬遠しそうになるかもしれません。一方、家族など、身近なサポートを得られる人の存在が自殺の保護因子（緩衝材）であると理解していると、ゲートキーパーとなる人は、家族の存在や、同居の事実を知っただけでとどまりがちです。
　しかし、自殺の危機にある人は、客観的には「家族に恵まれている」などの物理的状況にありながら、自分のほうからは、社会的関係を断っていることがあります。身近な人だからこそ、心配をかけたくないと、自らの弱さを見せないように配慮している人さえいます。毎年、自殺した人のうち男性でも7割弱、女性では8割弱の人に同居者がいました（内閣府, 2012）。このことからも、家族がいるいないなどの確認だけでは不十分なのです。
　そこで、大切なのは、「そこまで追い詰められている」ということを認識しながら見守ってくれる人の存在です。家族はさまざまな葛藤を抱えていることもあります。でも、家族に「そこまで追い詰められていたのね。見守ろう」という気持ちになってもらうためには、本人に了解を得ながら、つながりの再構築、あるいは、つながりを強める手助けをゲートキーパーが行うことは、大切な選択肢の一つとなります。

例4－2－4

「ご家族や、兄弟、あるいは、つきあっている人などいるのではないですか？」
「はい。いますけど」

「あなたの抱えておられる、職場関係のトラブルや金銭面での心配事などは、これから専門家に相談していきましょう。その一方で、あなたがそこまで追い詰められていることを、身近な人に知ってもらう必要があると思うのです」
「いやぁ、家族には……」
「あなたの抱えている問題については、あなたが知られたくなければ知らせないようにします。でも、あなたが精神的に追い詰められているので、家にいる時間帯は見守ってほしいと伝えたいのです」
「はあ……」
「ご連絡先を教えてください。一緒に状況をお伝えしましょう」
「あなたのことを心配して見守ってくれるとしたら、誰がいいでしょう？」
「それなら、妻（恋人、母親、妹、近くに住んでいる親友等）がいいでしょうか……」
「奥様ですね。ありがとうございます。では、一緒にお電話させていただけませんか？」

このように、身近な人へつなげる必要があることは多いです。そして、そのときに一工夫が必要なときもあります。「家族に相談できるんじゃないの？　じゃ、相談したらいいのではないですか」のように言い置くだけでは、うまくつながらないことも多いからです。特に「危険性が高い」と感じているにもかかわらず、何らかの事情で、安全な場所で過ごしてもらう（精神科病院への入院など）ことが難しいような場合には、インフォーマルなサポートを駆使して安全性を確保します。

なお、自殺危機にある人は、何らかの問題や課題が生じて、それらがきっかけで追い詰められるに至ることが多いです。それゆえ、「自殺の問題の専門家」へつなぐというより、自殺を考えるほどに追い詰められるようになるきっかけとなった問題や課題への対処をしてくれる専門機関へつなげることが大切です。

その問題は、さまざまなものがあるでしょう。すべての問題の専門家とい

うのはありません。だからこそ、ご本人から抱えている問題をある程度聞き出し、適切なところへつなげることが大切なのです。住宅問題、就労問題、職場環境、学校関係、金銭問題、借金問題、近所のトラブル、家族関係などさまざまなものがあります。自殺を考えるほどに追い詰められるきっかけとなった問題について解決や軽減できるところへつなげていきます。

　そして、一方で、抱えている問題や課題があったとしても、また、何か明確な生活上の問題や課題は見受けられなくても、多くの場合、自殺を考えるほどに追い詰められた人は、精神疾患の診断がなされるような状態にあったと言われています。そこで、並行して、精神科の受診につながるようなつなげ方を考えていく必要があることも多いです。精神科の病院やクリニックを直接紹介してもいいです。また、地域の市町村役場の保健課や保健所、精神保健福祉センターなども相談に乗ってくれるでしょう。

> **例4-2-5**
> 「あなたのお話をうかがって、あなたの職場の労働条件は、あまりにもひどいと思います。そのことについて、相談できる機関があるはずだから、一緒に相談に行きませんか」
> 「つらい体験を話してくれてありがとう。あなたの抱えている問題について相談できる機関があるはずです。一緒に相談してみましょう」
> 「金銭的なトラブルや借金について、相談に乗って解決に尽力してくれる事務所を知っています。相談に行ってみませんか」

　自分の専門ではない領域については、「解決できるはずです」とか「うまくいきます」など自信をもって言えないことがらがたくさんあります。しかし、ゲートキーパーなど、福祉保健医療の現場で活動する人間は「希望志向」で活動するべきだと思います。「何とかなるのではないかと思う」や「今よりはいい状態になるはずだと思う」など、断定はするべきではないですが、希望志向で、自殺危機にある人へ寄り添い、伴奏する意思表明をすることが望ましいですね。

例4-2-6

「あなたの借金問題については、きっと、○○事務所で取り扱い、解決の方向へ導いてくれると思います。何とかなりそうですね。それはそれとして、あなたのお話をうかがっていると、精神的に参ってしまっていて、夜眠れないし、食欲もない状態が続いている、ということなので、あなたの心身の状態がとても心配です……。心身の健康を取り戻すためにも、病院にかかるといいと思うのですよ。近くに評判の良いクリニック（精神科）を知っていますから、かかってみませんか？」
「いや……精神科は……」
「精神科にかかることには抵抗があるのですね」（肯定する）
「心身状態で、一番つらいのは、どういうところですか？」
「夜いったん眠ってもすぐに起きてしまって、その後一睡もできないのがつらいです」
「その後一睡もできない……」（キーワードの繰り返し）
「その状態を少しでも和らげるためには、医療サービスを受けるのが一番だと思いますよ。夜眠れるようになれば、きっと体も今よりは楽になるでしょう。そのために、抵抗はあるかもしれませんが、まずは、予約をしてみませんか？」
「予約ですか……」
「今、一緒に電話していいですか？」（ねばり、本人の了解を得て、つなげる）
「はあ……」

　精神科につながったことのない人を精神科につなげることは、今の日本で、地域で活動する人たちにとって、苦労は多いと思います。そのことについては拙稿（2012）でも課題としてあげました。しかし、精神疾患が疑われるときは、やはり、精神科へつなげるようにするべきだと思います。感情障害（うつ病等）や統合失調症圏の疾患は、薬物療法の恩恵が非常に大きく、時間がかかることはあっても、多くの人が、以前より良い状態になることは間違いない事実です。素人判断で、「精神力で治癒する」「薬は使わないで治す」などの判断は避けるべきです。

厚生労働省の「平成21年地域保健医療基礎統計」によると、精神科を標榜する病院は全国で約1,500箇所（うち精神科単科の病院が約1,000箇所）、また、精神科を標榜するクリニックは全国で5,629箇所あります（2008年10月時点）。人口1万7,000人あたり1箇所は精神科医療機関は存在します。最も少ない県でも、精神科を標榜する病院が8箇所、精神科を標榜するクリニックが30箇所はあります。そこで必要なときには、情報を収集しながら、つなげていくことになります。

5. フォローアップ

　自殺危機にある人の支援をするとき、ゲートキーパーは、その人が危機状態から脱出するまでのお手伝いをできるだけ行っていきます。自殺危機からの脱出は一瞬ではできないこと、そしてはじめに信頼して話を聞いてくれた人との関係は特に貴重なものです。そこで、リレー方式でバトンタッチするよりは、伴走方式で寄り添いながら一定の目処がつくまで見守ることが大切です。

　このとき、フォローアップのスキルを活用することが大切です。これまで示してきた具体例では、「一緒に相談しましょう」あるいは、「一緒に行きましょう」というような例をあげてきました。あえて、最も危険度が高いと思われる人への対応例をあげてきたのです。なぜなら、精度の高い自殺の危険性のアセスメントができるようになると、自殺の危機にある人の中で、自殺の危険性が特に高い人の把握ができるようになります。そうすると、安全が確保できるまで一緒に行動する必要性が出てきて、そのように行動することもあるからです。

　しかし、実際に、地域で活動するゲートキーパーたちが出会うのは、自殺の危険度の特に高い人ばかりではありません。また、ゲートキーパーの立場や職務の枠組みによっては、同行するような支援の仕方はできないときもあります。

　このように、ゲートキーパーは、専門の対応ができる機関を紹介し、そこへ相談等に行くことを自殺危機にある人へ提案するにとどめることもあります。自殺危機にある人が窓口で2回続けて、「○○へ相談に行かれたらいか

がですか」などと紹介のみされると、たいてい「たらい回しにされた」と感じてしまいます。「たらい回しにされた」と感じられないようにするためにも、深刻な相談についてはフォローアップの約束をします。一方、ご本人が「わかりました。自分で相談に行きます」や「家族と一緒に相談に行きます」などと表明する場合もあります。このようなときも、ゲートキーパーとなる人は、その後のことを、他の機関の対応へ委ねることになります。ゲートキーパーとしては、このとき、フォローアップの約束をすることが大切になります。

例5－1－1 （△）
① 「うまくいくといいですね」
② 「どうなったかについて、いつでもいいから連絡して」

命に関わるような問題でない場合は、①の対応でもいいのです。また、②のような対応は、地域で活動する対人援助職は、よく使っていると思います。しかし、今、対応しているのは、「もう死ぬしかない」と追い詰められた気持ちでいる人です。ある専門機関を紹介して、ご本人が「自分で相談に行きます」「自分で受診します」と言ったとしても、以下のようなことが起こることが考えられます。

① 実際には、エネルギーが不足していて、あるいは他の理由で、他のところへ相談や受診には行かない。
② 相談や受診に行ったものの、こちらの窮状を理解してもらえず、親身に相談に乗ってもらえなかった（本人の受け取り方でそのように感じる場合も含めて）。
③ 相談や受診に行ったものの、解決策がない、解決はされない、とわかった（本人の思い込み、本人の望みどおりにはいかない場合も含めて）。
④ 相談や受診に行ったものの、示された解決策に従うくらいなら、やはり死んだほうがいいという思いが強くなった。

実際の対応の善し悪しにかかわらず、ご本人は、これらのように受け取っ

たり、感じたりすることが考えられます。そのため、フォローアップの約束をしておき、実際に再度コンタクトをとって自殺危機にある人の状態を確認することはとても大切なことになります。

例5-1-2　（○）

「あなたがご自分で相談（受診）に行ってくれると聞いて、私は本当にうれしく思います。それで、相談（受診）した後、どのようになったのか、進展がみられそうか、など確認したいと思いますので、再度、お会いする（電話をする）ことにしましょう」
「はあ……」
「いつのご都合がいいでしょうか？」
「ええと……」
「相談（受診）の予定は来週の水曜日の1時ですね」
「はい……」
「それでは、来週の水曜日の3時に面接予約を入れませんか？　またおいでください」

例5-1-3　（○）

「相談（受診）の予定は来週の水曜日の1時ですね」
「それでは、来週の水曜日の3時から4時の間にお電話をくださいますか？　お待ちしていますね」

ここで大切なのは、「あなたが相談機関（受診）へ行った後、どうなったかどうかまで、私が気にかけている」というメッセージが相手に届くことでしょう。自殺危機にあると打ち明けた人からすると、「そこまで気にかけてくれているんだ」と思う可能性が高くなるものです。そこで、あなたのこのメッセージが自殺危機にある人に届くと、「たらい回しにされた」と感じずに、新たな相談機関に行く気持ちも前向きになりやすいでしょう。

実際にフォローアップの約束をして、再度会ったり、電話をしたりして接触をしたときに、実際にどのような進展がみられたかを確認し、新たなところへ行く必要が出てきたら、新たに紹介します。また、複合的な問題を抱え

ている場合には、優先順位の高いことから対応していき、少しずつ、他の課題についても対応していきます。このように、リレー方式でバトンタッチしてしまうのではなく、伴走方式で「死ぬしかない」という気持ちから「死ぬ必要はないかもしれない」という気持ちへスイッチする支援をするまで寄り添うことができると、ゲートキーパーとして、自殺危機にある人への初期介入の役割が十分に果たせたことになります。

【参考・引用文献】

張賢徳（2010）「自殺の危機に介入する方法──立ちすくむ援助へのヒント」『臨床精神医学』39(12)、1607-1611.
福島喜代子（2012）「自殺対応とソーシャルワーク」『ソーシャルワーク研究』38(3), 156-168.
厚生労働省（2000）『健康日本21』2008年改訂
Mishara, B. L., Chagnon, F. & Daigle, M. et al. (2007) Which Helper Behaviors and Intervention Styles are Related to Better Short-term Outcomesin Telephone Crisis Intervention? "Suicide and Life-Threatening Behavior, 37(3), 308-314.
内閣府（2012）『平成24年版　自殺対策白書』
内閣府Webサイト　http://www8.cao.go.jp/jisatsutaisaku/kyoukagekkan/index-h24.html
日本いのちの電話連盟編（2009）『自殺予防いのちの電話──理論と実際』ほんの森出版

第5章

ワークショップ開発と講師養成の経緯

○○○○○

　私たちは自殺危機初期介入スキルの研究をした上で、ワークショップを開発し、その普及に努めてきました。そこで、ワークショップの開発やワークショップの構成について紹介します。

1. ワークショップ開発の背景

　2006年に自殺対策基本法が制定され、自殺の問題が徐々に社会的な課題として認識されるようになりました。各地で自殺予防の啓蒙のための講演会などが企画実施されてきています。講演会は、自殺の問題に対する社会的な関心を高めてもらうには適しています。

　しかし、「はじめに」でも触れましたが、私は、地域で相談援助の窓口に携わっている福祉、保健医療、教育、司法、労働分野の専門職のみなさんや、地域で活動する民生委員・児童委員や精神保健福祉ボランティア等のみなさんが、「自殺を予防しましょう」とかけ声をかけられても、何をどのようにしたらいいのか、具体的に知る機会がないままでは、戸惑うばかりなのではないか、と憂慮していました。

　2006年に米国の大学に客員研究員として1年間在籍していた私は、現地の保健・福祉・医療及び司法教育領域の専門職向けの自殺予防の研修に参加する機会を得ました。米国では、殊に東海岸や西海岸の州では、精神保健福祉の領域の専門家は大学院レベル以上の学歴のある人が従事していることが多く、また、専門職向けの研修が充実していて、予算も時間も十分に確保されているという印象があります。しかし、私が滞在した州における研修には、州内から自殺予防の第一線で活動している人たち（例えば、自殺防止の電話相談の相談員、ドメスティック・バイオレンスのシェルター職員、警察の精神保

健担当者等）が、「自分は知識も技術も十分ではない」と自己開示しながら、自殺予防の研修に参加していたので驚きました。また、自殺予防の第一線で活動している人たちの学歴や研修レベルは実にさまざまなものでした。欧米でも、自殺予防の基礎的な知識と技術を学べる研修の機会が、専門家にも必要とされているということを学びました。

2007年に帰国した私は、所属するルーテル学院大学の学内研究奨励金を得て、「自殺危機初期介入スキル研究会」を立ち上げました。この研究会を基盤として、自殺危機にある人たちの初期介入に必要なスキルについての研究を進め、必要とされる知識や技術を身につけられる研修——少人数を対象とした参加型のワークショップ——を開発し、多くの方に提供していきたいと考えました。

自治体の自殺予防担当者等の中には、「短時間で、大人数を対象にした講演が効率が良い」と考える人もいるでしょう。しかし、大勢の参加者を対象とした、短時間の研修は、座学（講義）が中心となり、一人ひとりの学びは深まりません。知識を得ても、行動に結びつかない研修は、対人援助の領域では意義が薄いのです。自殺予防は、とても繊細な配慮を要する問題です。その上、ゲートキーパーの役割を期待される人には、かなりの技量を得ていただくことが必要となります。

私はこれまでも保健・福祉・医療の領域で働く対人援助職の方に対してさまざまな研修を提供してきました。研修企画担当者のテーマや依頼内容に応じて、その都度、内容を考え、さまざまな形式（時間、内容、研修方法）で研修を提供してきました。しかし、自殺予防のゲートキーパーの研修に関しては、あえて、画一的な構造化されたワークショップを開発することとしました。画一化され、構造化されたワークショップを開発することによって、日本全国で、質の保証された研修が提供できると考えたからです。また、同時にワークショップの講師を養成し、本会の認定講師が、全国でこのワークショップを提供してくれることを目指すことにしました。このことにより、より短期間で多くの人に質の保証されたワークショップが提供されることになります。

2. ワークショップ開発の方法

　ワークショップは、文献研究、研究会の討議、試行的ワークショップにおける参加者からの評価、ワークショップ提供開始後の参加者からの評価等をもとに開発し、改善しました。学術的根拠に基づくこと、参加者にとって安全なものであること、そして、知識と技術が身につく研修になることを目指しました。これは、アクション・リサーチの一種である、Design & Developmentの手法に基づく形成研究です。

3. 自殺危機初期介入スキル研究会

(1) 研究会の目的

　自殺危機初期介入スキル研究会は、①自殺危機にある人への初期介入について研究する、②自殺危機にある人への初期介入スキルを身につけることのできる研修（ワークショップ）を開発する、③自殺危機にある人への初期介入スキルが学べる研修（ワークショップ）を普及する、を目的としてはじめました。

(2) 研究会の開催

　2007年4月に研究会を立ち上げ、研究者仲間、現場で実践を続けているルーテル学院大学卒業生、大学院修了生等へ文書の郵送やメールを通して参加を呼びかけました。研究会は、2007年度に数回開催しました。毎回の会合に十数名の参加者があり、ワークショップの内容、方向性、提供方法について議論しました。参加者の多くは精神保健福祉士や社会福祉士などのソーシャルワーク職が中心でしたが、保健師、看護師及び介護福祉士の参加もありました。研究会の2007年10月の会合では、横浜市立大学教授の河西千秋先生（現、札幌医科大学教授）より「自殺危機にある人への精神科医療の現状、ゲートキーパーに求めること」のテーマでご講演をいただきました。また、同年12月の会合では、ヨーロッパのうつ病についての心理教育的ワークショップや、自殺に関する態度を研究されている、スロベニア人のヴィタ・ポツバンさんよりご報告をいただきました。ルーテル学院大学の白井幸

子名誉教授には、研究会の相談役になっていただき、大まかな方向性について ご助言をいただきました。このようにして、ワークショップの内容、方向性、提供方法についての意見を集約していきました。

（3）交流会の開催

研究会では、2009年2月には交流会も開催し、研究会参加者や、情報提供のメール配信を申し込まれている人に参加を呼びかけ、自殺予防に関係する実践内容などについて情報交換をしました。

（4）専用Webサイトの立ち上げ

自殺危機にある人への初期介入スキルについて関心のある人に研究会への参加を広く呼び掛けるために、専用Webサイト（ホームページ）を立ち上げました。

「自殺危機初期介入スキル研究会」
http://jisatsu-kainyu-ken.blogdehp.ne.jp/

Webサイトには自殺の危機にある人への相談機能を合わせ持たないことを明記し、自殺の危機にある人への相談に対応している機関等の情報を提供することに気を使いました。また、研究会、ワークショップ、リーダー養成研修等の予定についての情報提供を行うことを主目的として、メール配信の申し込みを「入会申し込み」として受け付けています。入会（メール配信申し込み）は無料ででき、今後も有料とする予定はありません。最低限の情報の入力のみで入会できるようにしています。

「自殺危機初期介入スキル研究会」の「メール配信申し込み」
http://jisatsu-kainyu-ken.blogdehp.ne.jp/category/1183103.html

研究会を立ち上げた当初は、郵便物は「大学気付」で受けていました。2009年度から、ワークショップ等はルーテル学院大学コミュニティ人材養成センターが実施するものと位置づけてもらいました。以後、大学で開催す

るワークショップの受付事務や必要書類の発送等は、コミュニティ人材養成センターのスタッフが手伝ってくれるようになりました。しかし、本研究会の専属スタッフはいません。事務的な作業の負担を最小限とするための工夫をするため、研修等の参加申し込み、講師派遣依頼、テキストとＤＶＤの送付申し込み等はWebサイトの専用フォームから入力してもらうようにしています。各種お問い合わせは、メールでいただくことを基本としています。

　　　問合先メールアドレス　jisatsu0000kikikainyu@ybb.ne.jp

4. 文献研究（国外、国内文献を調査）

　研究会を立ち上げ、運営していくと同時に、国内外の自殺危機にある人への初期介入に関する文献研究を行いました。Academic Premier、PubMed及びCiNiiなどのデータベースをもとに「自殺」「予防」「介入」「スキル」「ゲートキーパー」「研修」「ワークショップ」（Suicide, Prevention, Intervention, Skills, Gatekeeper, Training, Workshop）のキーワードを元に文献を収集し、文献研究を行いました。また、自殺予防学会の学会誌である『自殺予防と危機介入』の掲載論文にはすべて目を通しました。文献研究で得られたことは、本書の該当箇所で触れています。

5. 試行的ワークショップの実施

　ワークショップの構造案をかため、進行の方法を定めた後、試行的ワークショップを２回実施しました。試行的ワークショップの参加者は、研究会の参加者に加え、地域で傾聴ボランティアを行っている者、ボランティア活動を行っている者などでした。一部の人は、人づてに依頼して参加してもらいました（2008年２月、３月）。

　試行的ワークショップの実施は、とても意味がありました。ワークショップの当初案で実施をすることにより、参加者が理解しづらい、あるいは、混乱してしまう構成、内容、進行方法などが明らかになりました。試行的実施の評価をして、当初案から修正をしました。

また、参加者はさまざまな経験や思いをもとにワークショップに参加します。参加者への配慮が必要な部分も明らかになりました。どの参加者も、不必要な脅威やストレスを受けることがないよう、安全なワークショップの進行ができるよう工夫を追加しました（2008年8月）。

6. ワークショップ参加者用テキストの開発

参加者用の資料（レジュメ）は、試行的ワークショップの段階では、ワープロで作成し、インクジェット印刷機でモノクロ印刷し、ホチキス止めをしたものでした。A4判用紙10枚程度のものでした。その後、質の保証されたワークショップを多くの人に提供するために、標準化された「参加者用テキスト」を作成しました。テキストは以下のような方針をもとに作成しました。

（1）読みやすいテキストとする

読みやすいテキストづくりのためにレイアウトを工夫し、文字の大きさにも配慮しました。

（2）書き込み式のページを多くする

ワークショップでも、基礎的な知識の提供は、講義形式で行われます。講義形式の部分で、大切な言葉の定義など、長めの文節を正確に理解してもらいたいときには、あらかじめ、テキストにその文節を印刷することとしました。一方、講義形式の内容を、すべて印刷して提供すると、参加者は完全な受け身になってしまいます。そこで、大切な部分、焦点をあててほしい言葉や数値は、穴埋め式の欄を設け参加者が受講時に記入することとしました。

（3）図表を多く用いる

人間は、文字情報だけで、複雑な内容を理解したり、知識を保存したりすることに限界があります。図表は複数の要素の関係性を表すので、一連の流れに沿って、複数の要素について配慮が必要なものごとなどの理解を深めます。そこで、図表で示すことが可能な内容は、できるだけ、図表で示すこととしました。

参加者用テキストの表紙

Gatekeeper skills workshop　　2007-2012 © 自殺危機初期介入スキル研究会（事務局：ルーテル学院大学）all rights reserved.

ゲートキーパースキルワークショップ
自殺危機初期介入スキルワークショップ

参加者用テキスト（第6版）

氏名記入欄

自殺危機初期介入スキル研究会

事務局　　　ルーテル学院大学　コミュニティ人材養成センター
　　　　　　〒181-0015　東京都三鷹市大沢3-10-20
ホームページ　http://jisatsu-kainyu-ken.blogdehp.ne.jp/
連絡先　　　jisatsu0000kikikainyu@ybb.ne.jp

第5章　ワークショップ開発と講師養成の経緯　　159

(4) 具体例を多く用いる

　対人援助の知識と技術を合わせて習得してもらおうとするとき、抽象的な説明を重ねても、受講者は、具体的にどうすればいいか理解できないことが多くあります。ワークショップでは、具体例を多く用いることにしました。テキストで特に工夫したのは、ありがちな「良くない例」を複数あげた上で、「良い例」を示すことです。このことにより、受講者は、より明確に、どのような対応（コミュニケーション）が不適切で、どのような対応が適切であるかが理解できます。

(5) 色を有効に使うこと

　自殺危機にある人への初期介入では、一連の流れを身につけることが非常に重要です。ところが、文字情報だけで一連の流れを覚えることは困難です。そこで、自殺危機にある人への初期介入で実践する一連の流れを、色の移り変わりという形で感覚的にも覚えやすいように工夫をしました。各色は、テキストの各セッションの基調色になっています。自殺危機にある人への初期介入の実際の場面では、学んだ流れの通りに実践できるとは限らず、行ったり来たりするものです。そうであっても、参加者が受講後、実生活で、自殺の危機にある人に接する機会があったときに、「一連の流れ」という言葉と、「青→緑→赤→紫」の色の移り変わりを思い出すことによって、ひとところにとどまらないで、必要なところへつなげていくことを意図しています。

(6) 保存用として扱われるものとすること

　自殺危機にある人への初期介入に必要な知識やスキルは、1回の研修の受講で身につくとは限りません。また、一度身についたとしても、ずっと覚えているものではありません。ある程度時間がたってから、ワークショップで得た知識とスキルを実際の場面で生かすことが必要となる可能性が高いです。そのときのために、引き出しの奥のほうにでも保存しておき、必要なときに取り出して再確認しながら実践できるテキストを作成することとしました。紙質や製本方法などにも気をつかっています。

7. 視覚教材の開発

　ワークショップでは、一つひとつの大切な要素を理解してもらうために、細かな情報を提供します。すると、参加者には全体像が見えにくくなる危険がありました。そこで、自殺危機にある人への初期介入の流れを、理解しやすくするために、視覚教材（DVD）を開発しました。視覚教材は講義と演習のはじめに1事例、おわりに1事例異なるものを用意し、主要な要素や流れを確認してもらうために流します。

（1）事例を出す

　研究会の中心的メンバーで、多様な性別や年齢層の事例を出すように分担して、事例を出してもらいました。実際に関わった事例を、個人が特定できないように修正して概要を出してもらいました。特に、自殺に至った背景と、そのときの心理状況、そして、そのような状況にある人に対してなされた危機介入などを記述してもらいました。これらの事例を、ワークショップの視覚教材、ロールプレイ、事例検討などで活用しています。

（2）専門職でロールプレイ、逐語記録化

　出された事例をもとに、ご本人役と、初期介入をするゲートキーパー役を分担して、研究会のメンバーで、2人組でロールプレイを行いました。そのロールプレイを暫定的に撮影、録音しました。このときの2人組でのロールプレイの音声の記録を逐語記録化しました。

（3）シナリオづくり、演技依頼、撮影・編集

　逐語記録をもとに、映像用のシナリオを共同研究者の小高真美が作成しました。できあがったシナリオ案を修正し、最終的なシナリオとしました。そして、著者の本務校の卒業生で、精神保健福祉士を取得し、現在は女優を生業としている卒業生と、社会福祉士を持ち、現在、福祉の現場で仕事を続けながらアマチュア女優として舞台活動などをしている二人に声をかけ、演技を依頼しました。シナリオをもとに演技をしてもらい、撮影しました。会話の場面を一気に撮影しました。

視覚教材を使いやすいものにするために、共同研究者の小高真美が編集を行いました。場面ごとのポイントを映像に書き入れてもらいました。

8. 講師養成の背景

　自殺を予防するには、さまざまなレベルで働きかけをしていく必要があります。私たちは、自殺危機にある人への初期介入に必要なスキルを研究し、自殺予防のゲートキーパーを養成することに焦点を当てて活動をしてきました。

　数多くのゲートキーパーが養成されるためには、ワークショップが数多く開催される必要があります。ワークショップが数多く開催されるためには、講師を担う人が全国各地にいることが望ましいです。

　同じ地域であっても、ゲートキーパーの養成は継続的になされることが必要とされています。自殺率の高い過疎地域においても提供されることが求められています。

　このようなことから、ワークショップを提供する講師の養成も同時に取り組んでいくこととしました。構造化された質の保証されたワークショップが数多く提供されるシステムづくりも同時に行うことにしたのです。

9. 講師用テキストの開発

　構造化されたワークショップは、研修の講師数、参加者数、取り扱う内容、進め方などが定められた研修です。これらの要素を講師が理解し、進行のときに参考できるように、講師用テキストを開発することにしました。

（1）ワークショップで生じる事態への対処法

　ワークショップの進め方、どのようなトラブルが想定されるか、さまざまな事態にどのような方針で対処すればよいのかなどをまとめてあります。重いテーマを扱うので、参加者の個人的な体験が持ち込まれたり、現在抱えている問題が顕在化したりすることも想定されます。そのようなことについて、どのように対処すればいいのかも含めて記してあります。

講師用テキストの表紙

Gatekeeper skills workshop　　2007-2012 © 自殺危機初期介入スキル研究会（事務局：ルーテル学院大学）all rights reserved.

ゲートキーパースキルワークショップ
❀❀❀❀ 自殺危機初期介入スキルワークショップ ❀❀❀❀

講 師 用 テ キ ス ト （第10版）

リーダー氏名

自殺危機初期介入スキル研究会 ❀❀❀

事務局　　　ルーテル学院大学　コミュニティ人材養成センター
　　　　　　〒181-0015　東京都三鷹市大沢 3-10-20
ホームページ　http://jisatsu-kainyu-ken.blogdehp.ne.jp/
連絡先　　　jisatsu0000kikikainyu@ybb.ne.jp
電話番号　　0422-31-7920

第5章　ワークショップ開発と講師養成の経緯

（2）ワークショップの進行

　ワークショップ進行の時間配分、セッションや演習ごとの目的、内容等をまとめています。ワークショップの7つのセッションには、それぞれの目的があります。ワークショップの14の演習には目的があり、内容、進行手順があります。これらのことを示すとともに、それぞれの時間配分の目安を示しています。演習で、個人作業やグループ作業を行う場合や、グループから全体への報告を行う場合にも、それぞれの時間の目安を示しています。また、ワークショップの流れに沿って、講師が進行のときに述べるべき解説文が示されています。

（3）事例の背景

　ワークショップで取り上げる事例の背景を解説しています。ワークショップでは、多くの事例を取り扱います。それぞれの事例には、細かい背景があります。ワークショップ参加者にすべて解説はしませんが、講師は、それぞれの事例の背景を理解するための情報が得られるようにしています。

（4）補足説明

　補足説明が書かれています。ワークショップで取り上げる事項の中で、特に、補足説明が必要となることが想定される部分については、説明が書き加えられています。例えば、守秘義務について、自殺をしない約束などについては、補足説明を加え、講師の理解を手助けします。また、参考文献も示しています。

10. 講師養成の研修会

　2009年度以降、講師養成研修会（「リーダー養成研修会」）を開催しています。講師養成研修会の日程は本来2日間求めたいと考えましたが、1日で実施することとしました。講師養成研修の所要時間は実質7時間30分となっています。

　この講師養成研修会には、ワークショップをすでに受講した人のみが参加できます。自分が参加者としての体験を経てはじめて、講師になっていただ

きます。ワークショップを受講した時から、講師養成研修に参加するまでに時間が空く場合（2年以上空く場合）、ワークショップへ「オブザーバー参加」をすることを強く勧めています。

11. 各地への広がり

　認定講師となると、講師用テキストが得られ、認定講師が2名以上揃いさえすれば、各地でワークショップを開催してもらうことができます。そのときに、本研究会からテキストを取り寄せてもらいさえすればいいです。

　また、認定講師が1名以上地元にいれば、研究会の講師を1名派遣依頼すれば、研究会から派遣された講師と、地元の認定講師の2人でワークショップを開催することができます。

　このようなシステムづくりをしたおかげで、すでに、全国各地で、地元の認定講師のみでのワークショップ開催がはじまりました。福島県いわき市、埼玉県さいたま市、新潟県五泉市、柏崎市ではすでに認定講師のみでのワークショップ開催が、複数回なされています。また、大阪府、兵庫県でも開催がなされました。

　研究会から派遣された講師と、地元の認定講師との組み合わせでの開催は、さらに多くの地域でなされています。石川県、群馬県、愛媛県、北海道岩見沢市、東大阪市、熊本市、西予市などです。

　研究会から2名の講師派遣を受けて開催したところも含めて、全国で440回以上の開催回数となり、受講者の累計は約8,800名を超えました。

【参考文献】
Thomas, E.J. & Rothman, J. (1994) "Intervention Research : Design and Development for Human Service" (Haworth Social Work Practice)

第6章

自殺危機初期介入スキルワークショップの構造と内容

○○○○○

1. ワークショップの特徴

　前章のような過程を経て、自殺危機にある人への初期介入を学ぶことに焦点を当てた実践的な研修は開発されました。ここでは、ワークショップの特徴を述べたいと思います。

（1）基礎知識を得る

　自殺に関する基礎知識を多くの人が共有することが必要です。

　自殺の数、自殺率、国際的な位置づけ、自殺の増減の傾向、男女比、年齢による傾向、などを知ることによって、社会問題としての自殺の深刻さを多くの人が認識することとなります。また、自殺の起こりやすさの傾向を認識することになります。

（2）初期介入に必要な知識を得る

　自殺危機初期介入は、サインに気づく（発見）、信頼関係を構築する（関わりを深める）、危険度を判断する（リスクアセスメント）、安全を確保し支える仲間へつなげる等の機能を担う必要があります。フェーズに沿った機能を理解し、知識を得ることが求められます。そこで、人が1日で消化し得る知識量を意識しながら、情報を厳選し、わかりやすく、覚えやすい形で提供しています。

（3）初期介入に必要なスキルを身につける

　自殺危機初期介入には、複数の要素が必要とされます。そこで、必要とされる複数の要素について、一つひとつ丁寧に、具体的なスキルが身につけら

れるような工夫をしています。スキルとは、特定の知識や訓練を要する行動のことです。それゆえ、スキルは、知識を得るだけではなく、練習をすることによってはじめて身につきます。実際の場面で行動リハーサル（練習）してみてはじめて身につけられるスキルがあります。そこで、ワークショップでは、参加者一人ひとりが講師の指導のもとに練習できる体制を整えています。

（4）初期介入を一連の流れで理解する

自殺危機にある人への初期介入は、多くのスキルから成り立つ一連の流れです。実際の相談援助では、行ったり来たりすることは当然あります。しかし、ひとところにとどまらないで、一連の流れを実践することにより、ゲートキーパーとしての機能を果たすことができます。気づき、信頼関係を構築し、置かれている状況を把握し、リスクアセスメントを行い、安全確保や支える仲間へつなげるという流れに沿って相談援助します。その流れの中で同時並行で協働的な問題解決を行い、つながりの再構築を支援し、生きる理由を共に探していきます。これらは、さまざまな困難やニーズを抱える人への相談援助に応用がきく内容となります。

（5）参加者の安全の保証

自殺をテーマにした研修は、重いものになりがちです。また、参加者の中には、これまで関わった人や身近な人が自殺で亡くなった等、ネガティブな経験を持つ人もいます。研修は、参加者の安全を保証して提供する必要があります。私たちのワークショップは、すべての演習・セッションで、参加者が安全に参加できるよう設計しています。そのことにより、参加者の負担感をできるだけ軽減するようにしています。

（6）「できるかもしれない」という感覚を身につけてもらう

地域で自殺を予防しようとするときにはさまざまな困難に直面することがあります。それでも、多くの人が、「自殺を予防できるかもしれない」「ゲートキーパーの役割を果たせるかもしれない」と思うことが、自殺の数を減らすことに寄与するはずです。多くの人が基本的な知識とスキルさえ持たずに

行きあたりばったりで対応しているままでは減らせるものも減らせないでしょう。多くの参加者がワークショップに参加し、自殺の危機にある人への初期介入が「できるかもしれない」という自己効力感を持つこともねらいとしています。

2. ワークショップの構造

(1) 時間数

　ワークショップは、1日、7セッション、実質6時間と15分で実施します。必要な内容を網羅するためには、最低限、これくらいの時間数は必要と思われます。知識のみならず、スキルを身につけてもらう研修ですので、一定以上の時間が必要です。

　諸外国でも、講義のみの3時間程度の研修で、受講者に何らかの効果が確認されているものは存在します（Wyman, 2008）。しかし、スキルを身につける技術獲得型のワークショップは、一般に6時間から丸2日くらいかけるものが多いです。また、専門職向けの研修に、より多くの時間がかけられている傾向がみられます。

　自治体等で研修を企画される方の中には「研修は参加者には半日が限度で、丸一日で設定しないほうがいい」と主張される方がいます。この背景には、既存の研修の多くが一方的な講義形式のものであることがあげられるでしょう。数時間であれ一方的な講義を提供される経験ばかりが続くと、長く拘束される研修への拒否感がでてきてしまうのではないでしょうか。例えば、小嶋（2009）は短時間の傾聴スキル中心の研修を提供したところ、参加者から「基礎的なもの」との評価が寄せられたと率直に報告しています。

　私はこれまで、自殺予防に限らずさまざまな対人援助関係のテーマのもと、現場の専門職や地域で活動されている方を対象に、各地で長時間の研修（多くは丸一日）を提供してきました。ここ数年は、さまざまなテーマのもと、年間合計2,000人くらいの現場の専門職や地域活動家に研修を提供しています。講義と演習を組み合わせることによって、長時間であっても、企画者や多くの参加者に「有意義な研修」と評価していただいているようです。実はよく、参加者から「久しぶりに有意義な研修を受けることができました」と

真顔で言われます。必要な内容に焦点が当てられ、提供方法の工夫がなされれば、研修の時間が長くなっても、参加者の評価は十分高いものになるのではないでしょうか。

　多くの人が自殺危機にある人へどのように支援すればいいのか知りたいと思っており、「実践的な」研修を受けたいと望んでいます。受けて「意義がある」と感じられるだけの内容が提供できる時間数が確保されるべきでしょう。

（2）日数

　自殺は重いテーマで、取り扱うことが難しいテーマですので、本来は、2日以上の研修が望ましいのかもしれません。しかし、複数日程の研修にしてしまうと、「受講したい」と思う人のうち、実際に参加できる人の割合が限られてしまいます。民間法人は、人員配置がギリギリのところが多く、研修に人を出す余裕のないところもあります。あるいは、研修に人を複数日程で出すと、残った現場に過大な負担がかかることもあります。地域のボランタリーな立場で活動する人たち（民生委員・児童委員さん等）の時間を拘束するにも限界があります。

　一方、拘束時間が8時間くらいとなる研修ですので、自治体等の研修企画担当者からは、半日ずつ2回に分けて提供したいという相談も受けます。本来、研修は、現場の実状に応じて臨機応変に提供されるのが理想です。諸外国で当初、学術研究の結果開発された研修も、研修パッケージとして商業ベースで提供され、複数の構造が用意されているものもあります（Green & Gask, 2005）。しかし、私たちのワークショップは、構成上、午前のセッションの内容が、午後のセッションのウォーミングアップになっています。ワークショップの中身、流れ、参加者の負担、安全性への配慮を総合的に考えると、2日に分けず、1日で提供するべきだと考えています。

（3）参加者の定員

　ワークショップの定員は、ワークショップの目的と照らし合わせて、目的達成のために最良な数とする必要があります。私たちのワークショップは、講義形式ではありませんので、参加者が十分な学びを得ていただくためには、

人数を一定以下に絞り込む必要があります。内容が深刻なものであること、知っていただく必要のある知識を体系的に知る必要があること、そして、身につける必要のあるスキルを確実に身につけていただくために、講師が一人ひとりの参加者の練習（行動リハーサル）に適切な助言をする必要があることから、定員を20名（最大24名まで）と定めました。

　一方、研修の参加者数は少なすぎると、参加者同士の相互作用による交流や学びが得られなくなります。専門書を読めばわかることであれば、各自専門書を読んでもらえればいいことになります。参加者は10名以上あったほうがいいと思います。10名参加者がいれば、さまざまな考え方のある人が参加し、相互作用が得られます。また、参加者の中に、知識や技術のレベルが相対的に高い、あるいは、経験が豊富な人がいれば、他の参加者が学ぶ機会も増えます。ワークショップの目標設定や、学んだことの確認を、参加者がお互いにすることにより、多層的な学びができます。

（4）講師

　講師は、ワークショップの進行全般に責任を持ちます。ワークショップの効果は参加者と講師との相互作用により生じるものですが、講師が必要な配慮や質の担保をしていくことに責任を持ちます。私たちのワークショップは、講師は必ず2名以上で進行することにしています。

　自殺予防という重いテーマのもと、多様な参加者を対象に実施するワークショップです。ワークショップ中、通常の対人援助の研修では起こり得ないような事態が発生することも想定しています。自殺予防をテーマとする研修には、自殺未遂の経験のある方や、自死遺族の方たちも参加されます。また、職務上関わった人が亡くなった経験のある人も多く参加します。つらい経験をしたからこそ、自殺予防に尽力したいと思われるのはごく自然なことです。私たちは、そのような方たちにも仲間になっていただきたいと思っています。参加者によっては、研修中、自分や家族の体験したことを思い出してしまうこともあります。ロールプレイは非常にリアルで威力の強い技法なので、関わった人とのエピソードなどを思い出し、感情移入してしまうこともあります。感情移入することは悪いことではありません。ただ、強い技法なので、感情のコントロールを難しく感じる人が出てくる可能性もあります。そのよ

うな事態が発生しても、講師が2人体制であれば、お互いにカバーしあって対応できます。しかし、講師が一人では、場合によっては、特定の人に適切に対処することが必要となったために、他の参加者の貴重な時間が十分に活用されない可能性があります。そのようなことも想定して、講師を2人体制としています。

　私たちの研究会では、認定講師の養成時に、講師が安全にワークショップを進めるための細かい配慮の仕方を伝えています。はじめの導入、目標設定の仕方、自己紹介の仕方、自分の価値や考えの確認の仕方、話し合いの仕方、発表の仕方、ロールプレイの目的の設定の仕方、ロールプレイの進め方、ロールプレイにかける時間の設定、ふりかえりの仕方、セルフヘルプの進め方など、講師が安全な研修を進めるための配慮はワークショップのすみずみにまで及びます。

（5）会場と設備・備品

　研修の物理的な環境は大切です。会場は、研修や会議室で、4人から6人のグループで話し合いや作業ができる机椅子が4グループ分必要です。部屋はあまり大きすぎないほうが望ましいです。例えば、講堂の前半分を使用する、というような会場設営の仕方は避けたほうが無難です。

　会場には、参加者用机椅子の他に、講師用演壇、講師用の机と椅子、ホワイトボード（2枚）、DVDの鑑賞用機器、マイク（少なくとも1本はワイヤレスのもの）が必要です。消耗品は、A3用紙（16枚）、付箋紙（24束）、マーカー（またはクレヨン）、ホワイトボード用ペン、マグネット（A3用紙8枚から16枚が貼れるもの）などが必要です。

（6）多様な参加者

　私たちのワークショップは、自殺危機にある人の初期介入に必要なスキルと技術を身につけることが最大の目標です。地域で、自殺の危機にある人と接する機会の多い人には、是非、受講していただきたいです。研修は、受講者の経験、知識や技術に合わせて提供されるべきものですから、本来想定している受講者の知識や技術レベルがあまりにも広いことは、望ましいことではありません。ところが地域でゲートキーパーの役割は、世界的にみても、

医師やソーシャルワーカーなどの専門職から、ボランティアまで幅広い人に期待されています。よって、私たちのワークショップも、幅広い層を対象に提供できるよう、提供方法に工夫を重ねています。

　ワークショップは、地理的に限られた範囲（例えば、市区町村）の人を対象に提供されることが望ましいです。つまり、ある種のコミュニティの構成メンバーを対象に提供できることが望ましいです。そして同じ地域で活動する、多様性に富んだ人々が参加してくれるほうが望ましいです。異なる機関からの出席者がいたほうがいいですし、同じ機関でも、多様な職種の参加があったほうがいいです。

　多様な機関から、多様な職種の参加が得られると、相互交流が生まれ、参加者同士の学びも深くなります。ワークショップは、ネットワーキングを主目的としたものではありませんが、地理的範囲が限定されればされるほど、同じ研修に参加して、相互交流したことが、その後の現場でのネットワーキングにつながっています。

3. ワークショップの構成

　ワークショップは7つのセッションで構成され、その中に演習が14種類組み込まれています。それぞれのセッションのねらいと概略を説明します。

（1）導入

　第1セッションの目的は、研修への導入をスムーズに行うことです。ワー

表6-1　ワークショップの構成

セッション	内　　容
第1	導　入
第2	自殺に関するさまざまな考え、信念
第3	サインに気づく
第4	理解を深め、生きる理由を探る
第5	危険性をはかる
第6	安全確保、支える仲間へつなげる、フォローアップ
第7	ふりかえり

クショップの目的を周知し、一人ひとりの目標設定を支援します。参加者同士の自己紹介を通して、ワークショップ参加者間のネットワークづくりのきっかけづくりも行います。その上で、自殺と自殺予防に関する基本的な知識の確認をしてもらいます。

（2）自殺に関するさまざまな考え、信念

第2セッションの目的は、自殺に関する考え、信念と、その影響を考えることです。アンケート式項目への回答と確認を行うことにより、自殺に関する誤った考えなどを確認します。また、グループで事例検討をします。事例の検討を通して、異なる意見を持つ人と信頼関係を築いていくためには、自己覚知が必要であること、自分の価値判断を押しつけないで話を聞くことが必要であることなどを理解します。

（3）サインに気づく

第3セッションはサインに気づくことが目的です。グループでの討議、個人およびグループでの作業および発表を通して、自殺のきっかけやサインにさまざまなものがあることに気づくことになります。そして、ゲートキーパーが、忙しい生活の中で、サインを見逃さないでいられるようにすることを目指します。

（4）理解を深め、生きる理由を探る

第4セッションは自殺危機にある人の理解を深め、生きる理由を探ることが目的です。まずは、視覚教材と文書により事例を提示して学びます。その後、具体的な事例について、対応例の選択肢を示しながら、ロールプレイで参加者が行動リハーサルを重ね、スキルを身につけていきます。

（5）危険性をはかる

第5セッションは危険性をはかることが目的です。自殺の危険因子を伝え、自殺危機にある人の危険性をはかるための標準的な項目を示します。そして、対応例を示しながら、ロールプレイを用いて参加者が行動リハーサルを重ね、スキルを身につけます。

（6）安全確保、支える仲間へつなげる、フォローップ

　第6セッションは、安全を確保し、支える仲間を探し、つなげることが目的です。自殺のリスク管理の標準を示します。そして、ロールプレイを用いて、参加者が行動リハーサルを重ね、スキルを身につけます。その後、視覚教材により全体の流れを再確認します。

（7）ふりかえり

　第7セッションはふりかえりとセルフケアが目的です。ワークショップ参加によって学んだことの言語化を行うことにより、多層的に学びを深めます。また、セルフケアの必要性の確認をします。

4．ワークショップの提供方法

（1）自記式の質問紙調査法

　自殺については多くの人が「誤った考え」を「正しい」と信じていることが指摘されています（WHO, 2000=2007）。「考え」や「信念」は、頭の中にあるもので、普段他者にさらけ出すものではありません。社会経験が長く、社会的地位も確立された人たちが参加する研修では、自分たちの考えや信念が「誤りだ」と気づいてもらうには、配慮が必要です。ゲートキーパーが、自分の考えに向き合い、「実は誤った考えを持っていた」と素直に思える方法をとる必要があります。

　試行的ワークショップの段階では、参加者の考えや信念を「立ち位置スケール」という手法を用いて、参加者がお互いに確認しあう方法を検討しました。しかし、その方法では、「よくある俗説を信じていた」ことは、他の参加者にも明らかになります。プライドの高い人などは不快な思いをする可能性があります。逆に、「正しい考え」を列挙して読み上げる方法もありますが、情報量の多いものごとを一方的に情報提供しても、知識の定着効果は限られます。

　そこで、「よくある俗説」の代表的なものを、自記式の質問紙調査のような形にして、個人で記入してもらいます。そして、記入した結果は人に開示しない方式としています。この方法により、人に知られることなく、自分が

信じていた俗説に向き合えます。参加者は安心して研修に参加し続けられます。

（2）事例に基づく討議

　考えや価値観の異なる人の話を聞くときには、「相手の考えをまずは受け止める」「自分の考えを押しつけない」「説教や説得をしない」ことが必要です。これらのことを十分に理解し、学ぶ必要があります。しかし、人は、自分のこれまでのやり方について、人から「それは間違っている」と言われたところで、同じように率直に受け止めることは難しいものです。

　そこで、私たちのワークショップでは、客観的な「他人のこと」として事例を設定し、討議してもらいます。自殺の危機にある者と、ゲートキーパーの役割を担う者が登場する事例を設定し、異なる考えや信念を持った者同士が関わるときに、起こり得る困難点について討議します。客観的な、少し極端な事例で討議すると、参加者も安心して取り組め、「他人の陥りやすい過ち」が明らかになりやすいです。

　事例の討議後、グループ発表をしてもらい、解説をします。まとめとして、人は、自分の考えや気持ちを否定したり、非難されたりしないとわかったときに、はじめて心を開いて話すものであることをお話しします。そのため、誰でも、まずは、じっくり話を聞き、相手の考えを受け止めることが大切であると解説します。

　これまで、数多くの人にワークショップを提供してきましたが、この演習の後から、参加態度がガラっと変わる方がおられます。例えば、ある方（地域活動をされている中年女性）は、最初のセッションで「私はこれまで多くの研修に参加し学んできました」と自己紹介し、「人に自分の知識を教育していくこと」が研修の参加目的だと話しておられました。しかし、この演習の後、「自分はこれまで、いつも、『自分が正しい』という自信があったため、いつも人に自分の正しい意見を言い募り、押しつけてきました。でも、それが誤りだったと今日わかりました。自分が正しいと思う意見をいくら言っても相手に通じないことはこれまでもありましたが、その理由がよくわかっていませんでした。これからは、相手の考えや気持ちをいったん受け止めることを大切にしていきたいと思います」と話されました。このように、安心し

て自分の対人援助のありようを振り返る場を、ワークショップでは提供しています。

(3) グループ演習

　ワークショップでは、グループでの演習も用います。グループでの演習は、グループの人数が適切であれば、グループの数が多くなっても良いと思われるかもしれません。しかし、グループ発表も、グループの学びの延長上にあります。自分が参加しているグループが発表する機会を与えられ、それについて、講師からの助言や評価（肯定的コメント等）を得ることが参加者の学びに良い影響を与えます。そこで、できる限りすべてのグループが、グループ発表の機会を与えられるようにするべきです。グループの数が4つくらいであれば、グループ発表時間は20分程度で可能です。グループの数が10になると、どんなに1グループあたりの発表時間を制限しても、グループ発表そのものに1時間はかかります。講師もよほどの力量がないと、一つひとつのグループに対して、短く、適切なコメントをすることは難しいです。そして、多くのグループが延々とグループ発表すると、他の参加者は時間をもてあまし気味になります。1時間もかかるグループ発表中、参加者が集中力を維持することは難しいです。このようなことから、グループでの演習にも適切な規模があります。私たちは、5～6人のグループを4つ設定してグループでの演習を行ってもらいます。

　ある演習では、グループごとに担当する年代と性別を設定して、①自殺を考えるに至ったきっかけや理由、②自殺を考えるに至る人の示すサインを考えます。演習は、⑴個人で書き出す段階、⑵書き出した項目をグルーピングする段階、⑶全体発表を行う段階の3つの段階で進めます。グループごとに異なる年代や性別について取り組み、全体での発表をすることを通して、ワークショップの参加者全体で、さまざまな年代や性別の人々が抱える問題や課題について認識するためです。若年層、中高年層、男性、女性それぞれ抱えがちな課題は異なります。そのことを認識し、さまざまな人の自殺の危機に直面する必要があることを認識してもらいます。

（4）事例の紹介
　ワークショップでは、具体的な事例の紹介もします。参加者がより深いレベルで自殺の危機にある人のことを想像し、理解し、共感の素地ができるように工夫しています。取り上げている事例は、ある著名人のインタビュー記事で、新聞に掲載されたものです。介護負担、借金問題などから、自殺の危機に陥り、入院後、2年以上、闘病のために芸能活動から遠ざかっておられた方です。ご本人と掲載紙の許可を得て、ワークショップで共有しています。
　特に、取り上げている事例は、

表6－2　自殺危機にある人についての事例のポイント

①　きっかけとなったできごと、状況
②　そのときのご本人の考えや言葉
③　そのときのご本人の気持ち（精神的痛み）
④　そのときのご本人の様子、状態（視野狭窄）
⑤　自殺企図のあったときの行動（意図、計画）
⑥　自殺企図のあったときの迷い（両価性）
⑦　自殺をふみとどまった経緯（生きる理由への気づき）
⑧　その後、立ち直るまでの状態

などがなまなましく述懐され、優れたインタビュー記事となっています。
　この事例については、ワークショップの参加対象者の属性に応じて変更する必要性を感じることはあります。例えば、高校生や大学生などの若い人たちの場合には、より共感しやすい、若者の事例に変更してはどうか、というような考えです。しかし、短い時間で紹介でき、かつ、必要な要素を網羅していて、本人の内面の揺れ動きと、客観的な情報の両方をバランスよく示している材料はそう多くはありません。そのため、現在のところ、この事例のみをこの場面で取り上げています。
　これまでのワークショップ参加者の中に、ほんの数人ですが、自己紹介で「自殺しようとする人の気持ちがわからない」と自己開示する人がいました。新人の発言ではなく専門職として地域で数年以上活動している人の発言なので、私は正直驚きました。公的機関などで事務的な対応をすることにエネ

ギーを費やしていると、追い詰められて深刻な事態に陥っている人の心理状態を想像できないのかもしれません。そのため、このような、個人の内面の心の動きを十分描写した事例の紹介は不可欠なのではないかと考えています。

（5）ロールプレイ
①ロールプレイの提供方法の評価
　私たちのワークショップでは、ロールプレイという技法を用いています。ロールプレイは、他人の役割になって、演じることをいいます。講師がロールプレイをするときの留意点については第7章で詳細に論じますが、ロールプレイという提供方法についての先行研究を紹介します。

　クロスら（Cross et al., 2007）は、大学病院の非臨床スタッフ76人を対象に、1時間のゲートキーパー養成研修（職場内研修）を実施しました。その結果、知識および、介入を行う自信度のいずれについても、有意に改善していました。

　また、その研修後にロールプレイを用いた追加セッションを直後あるいは、6週間後のいずれかの時期のものに参加してもらいました。参加者のうち、撮影に同意した55人について、ゲートキーパースキルを行使する場面のロールプレイをビデオ撮影し、0から15ポイントのポイント制で評価しました。その結果、55％の参加者は、12〜15ポイントの評価を受け、満足のいく結果となりました。しかし、45％は6〜11ポイントとなり、十分な結果は示せませんでした。ロールプレイを用いた研修に対する満足度は高く、29人中28人が「学びを統合化できた」「学びが深まった」「意味のある体験であった」という問いについて「強く同意する」あるいは「同意する」と回答しています。

　フェンウィックら（Fenwick et al., 2004）は、イギリスのある市で2種類の提供方法による研修を実施しました。研修の対象者は保健福祉領域に広く呼び掛けがなされ、精神科医、内科医、精神科看護師、ソーシャルワーカー、臨床心理技術者、作業療法士等の専門職が参加しました。どちらの研修に参加するかは任意でした。研修方法の一つめは、丸一日かけるもので、自殺企図のある者を模擬患者の俳優が演じ、参加者が俳優とのロールプレイに参加する研修でした。研修では、自殺に関する事実の講義、多様な場面における

自殺のリスクアセスメントのスキルを身につけるロールプレイの3セッションが提供され、1日がかりの研修でした（88人）。二つめの研修方法は、模擬患者の俳優は用いずに、1時間の講義が2つと、参加者同士で30分ほどロールプレイを行う2つのセッション等で構成される半日の研修でした（21人）。

　両方の研修方法ともに、それぞれ効果がみられましたが、自殺のリスクアセスメントについては、模擬患者の俳優を用いた一つめのグループに、より高い効果がみられたものの、全般的なスキルを測定するSIRI-2の得点では、半日の二つめのグループのほうにより高い効果がみられました。研修の内容や方法についての評価は高く、二つめのグループについては、「半日の研修では時間が足りない」という評価がみられました。

　このように、ロールプレイを用いた研修と用いない研修との比較研究ではありませんが、ロールプレイを用いた研修には先行研究においても一定の評価がなされ、必ずしも研修で模擬患者の俳優を用いる必要はないということが示唆されています。

②ロールプレイ〈目的〉

　ロールプレイにはいくつかの目的があります。講師は、ロールプレイの目的を理解し、明確に説明して参加者に実施させるべきです。ロールプレイの目的は、大きく2つあります。人の立場になって気持ちや考えを理解する目的と、対人援助職などが、自分のスキルの獲得のために練習を行い、現実場面での実践に結びつくようになる目的です。多くの研修で用いられるロールプレイは、この両方の目的を持って実施されます。ただ、どちらの役割を担うかによって、ロールプレイの目的が異なるので、研修の講師はそのことを理解した上で、参加者に実施をさせるべきです。

　私たちのワークショップでも、ワークショップ全体では、自殺危機にある人の気持ちや考えを理解することと、ゲートキーパーとしてのスキルを身につけることの両方を目的としています。しかし、ロールプレイでの目的は、対人援助のスキル（ゲートキーパーとして必要なスキル）を確実に身につけることが目的です。参加者がゲートキーパーとして必要なスキルを身につけてもらうためには、相手役、つまり、自殺危機にある人（私たちのワークショップでは講師）が、ロールプレイの意図を理解した上で、ポイントに

沿って演じる必要があります。

③ロールプレイ〈形態〉

　ゲートキーパー役の人が行うロールプレイでは、初期介入に必要とされる一つひとつのスキルについて、適切であるか否かを、講師は把握して、必要に応じて修正をしていくべきです。講師の修正のためのコメントを、他の参加者も聞くと学びとなります。そこで、私たちのワークショップでは、大勢が一斉にロールプレイを行う形態をとりません。

　大勢を対象に一斉にロールプレイを行うのであれば、講師の数を多くして、すべてのロールプレイに目が行き届く形にするべきでしょう。日本自殺予防学会においてもパラメディカルスタッフ50名を対象としたゲートキーパー研修が提供されたことは前述しました。その研修は、オーストラリアで開発されたメンタルヘルス・ファーストエイド研修をもとに、時間短縮して提供されたものでした。参加者全員が同時進行で3人組になってロールプレイを行いましたが、2組（つまり、6人）あたり1名の講師がつきました。つまり、1回50人定員の研修に、精神科医師8名が講師として従事していました（Kitchener & Jorm 2002=2007 ; 内閣府, 2010）。

④ロールプレイ〈負担〉

　ワークショップでは、自殺という深刻なテーマを取り扱います。全員を2人組で同時にロールプレイしてもらうと、2人組のうち、片方の参加者が非常に重い役割のロールプレイ（自殺の危機にある人のロールプレイ）を行わざるを得なくなります。相手役（ゲートキーパー役）の人が不適切なロールプレイを行えば、重い役割のロールプレイを行った人に悪影響が残る危険性もあります。安易に参加者が重い役割のロールプレイを行うことを避けるため、私たちのワークショップでは参加者に、ロールプレイで自殺危機にある人のロールプレイはさせません。このことにより、参加者の安全を保証しています。

⑤ロールプレイ〈長さ〉

　ゲートキーパーは、本来、自分の頭の中で組み立てながら自殺危機にある

人との関わりを進めていきます。一般に、研修で用いられるロールプレイは、長く実施されることもあります。長いロールプレイはさらに、①一人あるいは数人の参加者を代表として、長いやりとりを他の参加者の前でしてもらう、②参加者を小さなグループ（2人組や3人組）に分け、同時並行でロールプレイをしてもらうというやり方が考えられます。私たちは、これらのやり方を採用しないこととしました。

　他の参加者の前で一人や二人の参加者に長いロールプレイをしてもらうと、代表した参加者は適切なフィードバックを得て、スキルが身につく可能性が高まります。しかし、長いロールプレイへの評価は、「とても良かった」「良く話を聞いていた」など、抽象的なものになりがちです。どのポイントが良かったのか、ロールプレイした本人も明確にはならず、結局身につかないこともあります。自殺危機にある人への初期介入に必要なポイントで省略してしまったポイントがないか、などのチェックが甘くなりがちです。

　一方、小さなグループ（2人組や3人組）に分かれて同時並行でロールプレイを行ってもらう場合、それぞれがどのような内容でやりとりをしているのか、適切な指導をするためには、前述したように大人数の講師が必要となります。

　私たちのワークショップでは、初期介入の長い流れを、一つの質問や提案、あるいはそれを受けての応答とあわせて二つの発言程度の、細かい切片に分けて練習する方法をとっています。それゆえ、ロールプレイでは全体の流れが分断され、断片的になってしまうという弱点を抱えています。

　しかし、それでも、多くの参加者がスキルを確実に身につけるためには、小さなスキルに分けて、説明と練習を繰り返すほうが参加者の身につきやすいと考えています。また、参加者の中で、知識と研修のレベルに差異があることを前提に研修を構成しているため、たとえ、知識や技術のレベルの低い人が入っていても、短い演習の繰り返しであれば、参加者の脅威は最小限におさえられ、なおかつ、修正もしやすいという長所があります。また、全体の流れがわかるように、視聴覚教材を用いますので、ワークショップ全体としては、一連の流れが理解できるのではないかと考えています。

5. ワークショップ参加で思い起こされること

(1) 参加者への影響

　重い課題を取り扱うプログラムでは、常に参加者の心理的・身体的・社会的状況に配慮することが必要です。自殺は重いテーマですので、研修目的のプログラムであっても、細心の注意を払ってプログラムを計画し、運用します。

　参加者が、ワークショップへの参加を通して、自殺に関わった経験を生々しく思い出すこともあります。親族や友人の自殺あるいは自殺未遂の経験がある場合、悲しい気持ちや怒りの気持ちが湧き起こることも考えられます。また、自責の念が強まることも考えられます。

　ワークショップに参加したからといって、個々の自殺の理由や背景が明らかになるわけではないことが多いため、疑問への答えが見つからず、消化不良のような気持ちになることもあります。専門職として関わった人の自殺や自殺未遂の経験がある場合も、同じような気持ちや考えにとらわれることがあります。その上、自身の専門職としての関わり方について、反省の気持ちが湧き起こったり、逆に、ワークショップで学んだことを、生かす自信を持てなかったりすることも考えられます。これらのことにより、心理的な負担が一時的に増すことも考えられます。

(2) 過去の経験

　これまで、専門職として関わった方が自殺で亡くなったという経験をふりかえりのセッションで開示してくれた人がいます。ここでは、お二人の方を例に、このワークショップの影響について考えたいと思います。

　お二人の専門職の方をここでは仮にAさん、Bさんとします。Aさんは専門職として中高年の依存症傾向のあるXさんと関わった経験について、Bさんは専門職として高齢者のYさんに関わった経験について、ふりかえりのセッションで話してくれました。両者とも、「自殺したい」という願望を持っている方に関わっていました。お二人とも、傾聴や共感のレベルの高い方で、Xさん、Yさんの話をよく聞いていました。そして、Xさん、Yさんともに、自殺の具体的な手段、そして、その手段に使用する道具の置き場所

までAさん、Bさんそれぞれに打ち明けていました。そして、残念なことに、Xさん、Yさんとも、自殺により亡くなってしまいました。

ワークショップ参加者のAさんとBさんは、とてもあたたかみのある専門職の方でしたので、講師の私から見ても、Xさん、YさんがそれぞれAさん、Bさんを信頼していたことが想像できました。十分な傾聴と共感ができて、信頼関係が結べていたからこそ、自殺願望があることや、手段までXさんやYさんが打ち明けたのだと思われます。

私たちのワークショップを受講される前の出来事ですので、AさんもBさんも「安全確保」の具体的な方法を学ぶ機会がないまま支援をされていました。その時点でお持ちの知識と専門性を元に最善を尽くして丁寧な支援をされました。しかし、ワークショップでお伝えするような内容を、もしAさん、Bさんが知っていたなら、自殺手段を打ち明けられた後の行動、対応は異なったものであったことが予想されます。

前述したように私たちのワークショップでは、自殺の危険性の高いケースの場合、いかに「安全確保」をしていき、支える仲間へつなげていくかを具体的に学んでいただきます。自殺の意図をたずねるのみではなく、その後、どのように行動をするべきかを一緒に学んでいただいてはじめて自殺予防につながると考えているからです。しかし、Aさん、Bさんの体験はワークショップ受講前のものです。

（3）対照的な反応

Aさんは、ワークショップの最後のふりかえりのセッションで「自分が対応した方に対して、どうすれば良かったのか、今でもわからない」と言われました。この方の場合、ワークショップへの参加を通して、自身の経験が思い出され、支援の過程での自分の言動を振り返ったものの、ワークショップで学んだことと自分の言動を結びつけたり、差異に直面したりすることが難しかったのかもしれません。自責の念が強くあり、すぐにはワークショップの内容を消化しきれなかったのかもしれません。

「もっと良い対応方法があったのではないか」という疑念は、対人援助の専門職であれば誰もが抱く疑念です。対人援助の方法に、唯一絶対の答えはほとんどありません。ただ、「このような対応方法のほうがより良い」「より

効果的である」と学んだとき、過去の自己の経験と照らし合わせて、そのことを受け止めることが困難なことも起こり得ます。それを認めるのはしんどいこともあります。過去の言動は修正できませんし、人の命は取り戻せません。私たちのワークショップは、参加者を責めたり、つるしあげたりしないように最大限の注意を払って運用しています。専門職としての過去の言動の善し悪しを受け止めるには、心理的・身体的・社会的状況が安定していないと難しいかもしれません。だからこそ、専門職向けの研修であっても、さまざまな配慮が必要です。

　もう一人のBさんは、研修終了後、「自分が対応した人に対して、本当はどうすれば良かったのか、ようやくわかった。残念だけど、これから、この活動（自殺危機初期介入スキル研究会の活動）に参加して、必要な知識とスキルを自分たちの地域でも広めていきたい」と言われました。同じようなことを経験し、同じワークショップを受講しても、反応は人によって異なります。鮮烈な経験をしながらも、自分の過去の言動を振り返り、その善し悪しを振り返り、受け止め、前向きに将来へ生かしていこうと思える人もおられます。

（4）ふりかえりの重要性

　参加型のワークショップでは、参加者一人ひとりがふりかえりを行うことが重要です。参加者は、対人援助については、一定以上の研修を受けた経験のある人たちであることが多いので、私たちのワークショップに参加しても、「知っていた」という感想を持つ人もいます。一方、ワークショップで網羅する内容は、多岐にわたるので、一部であれ、参加者にとっては新鮮ではじめての内容もあります。

　そのようなとき、人によっては「ここまで実践できない」と感じることもあります。「難しい」「無理だ」、という感想を持つことがあることも確かです。ワークショップの内容を消化し、自分のものとするためには、少し時間が必要となる人もいます。

　ふりかえりの時間ではワークショップで「得たこと」を中心に言語化してもらうことにしています。このことにより、ワークショップで獲得した知識やスキルを明確にし、より定着しやすくしているのです。

(5) セルフケアの重要性

　ワークショップのふりかえりのセッションでは、「セルフケア」の重要性について言及しています。セルフケアの大切さを解説し、セルフケアの計画を立ててもらい実行してもらうことを約束して、ワークショップを終えています。また、自殺をテーマとする研修では、終了後、①車の運転などは慎重に行うこと、②大量飲酒は控えることを留意点として参加者に伝えています。

6. ワークショップ参加後に残念な結果が生じたら

　どれほど丁寧な対応をしていても、残念ながら自殺が生じてしまうことがあります。例えば、「自殺の危険はある」と周囲が理解していても、危険度を軽めに判断してしまい、十分な対応がしきれないときもあります。あるいは、「自殺の危険度が高く、入院が必要だ」と判断できても、うまくつなげられないことも残念ながらあります。一方、自殺危機にあって精神科医療につながり、安全で保護的な空間（精神科病院の病棟内等）で一定期間入院して過ごし、治療もすすんだ後、「自殺の危険度が下がった」と判断され、退院してこられた直後に、地域で残念な結果が生じることもあります。また、最近の日本の心理学部検調査では、自殺既遂者の50％が精神科治療中であったことが明らかにされています（松本, 2011）。このように、気をつけていたつもりでも、あるいは、慎重に判断して対処したつもりでも、自殺が生じてしまうことはあります。

　このような事故が生じたとき、地域の施設・機関やゲートキーパーの役割を期待され、関わった人たちはどのようにすればいいでしょうか。河西(2009)は、大学病院内での事故後の対処の流れを紹介しています。それは、①事実関係の把握、②事故の発生した現場の確認、③現場に遭遇した人のケア、④病棟でのブリーフ・ミーティング、⑤事故翌日の病棟全体カンファレンス、⑥当事者の個別のフォローアップ、⑦自殺予防のための学習（事例検討、講習会）(p167)です。これらの「病棟」をそれぞれの組織に置き換えると、さまざまな施設・機関・組織でも応用できます。施設や地域の機関・ネットワークでも、複数の人が関わったケースで残念な結果が生じたようなときにも応用できるでしょう。また、より詳細な対応方法については、高橋

祥友・福間詳編集（2004）『自殺のポストベンション——遺された人々への心のケア』医学書院などに詳しいです。

　なお、近年、非常事態に対するストレス対処法として開発されたcritical incident stress debriefing（CISD：ストレス発生から短期に、人々に出来事について話をさせ、感情表出を促し、トラウマ反応の心理教育をすることによってトラウマ後の心理的後遺症の発生を予防しようとした構造的アプローチ）については、「自然経過」で見られた悲嘆の回復がなく、施行前よりも状態を悪くしているかもしれないというメタアナリシスの結果が発表されています。ディブリーフィングが1回のセッションであれ、複数回のセッションであれ、慢性的な心理的後遺症への発展を予防するという主張は、実証的には保証されていないとされています（van Emmerk et al., 2002；Robertset al., 2009）。よって、事故後の関係者の会議においては関係者の感情表出を強く促すような形では行わないほうがいいでしょう。

【参考・引用文献】

Cross, W., Matthieu, M., Cerel, J. & Knox, K.L. (2007), "Proximate outcomes of gatekeeper training for suicide prevention in the workplace." Suicide and Life-Threatening Behavior, 37(6), 659-670.

Fenwick, C.D., Wassilas, C.A., Carter, H. & Haque, M.S. (2004) "Training health professionals in the recognition, assessment and management of suicide risk", International Journal of Psychiatry in Clinical Practice. 8, 117-121.

Green, G., Gask, L. (2005). "The development, research and implementation of STORM (Skiils-based Training on Risk Management). Primary Care Mental Health, 3, 207-213.

河西千秋 (2009)『自殺予防学』新潮選書

Kitchener, B.A., Jorm, A.F. (2002), "Mental Health First Aid" ORYGEN Research Centre, Melbourne. (=2007, 平成19年度科学研究費補助金（基盤研究Ⓒ）精神科早期介入と偏見除去のための臨床研修医への短期教育法の効果に関する介入研究：こころの救急マニュアル・プロジェクトチーム『こころの救急マニュアル（メンタルヘルス・ファーストエイド・マニュアル）』

小嶋秀幹（2009）「民生委員・児童委員に対するこころの相談員研修のとりくみ（特集　生きる力——自殺を防ぐには）」『月刊福祉』92(5), 31-34.

松本俊彦（2011）「自殺総合対策における精神科医療の課題——総合的な精神保健的対策を目指して」『精神神経学雑誌』113(1), 81-86.

内閣府 (2010)『ゲートキーパー養成研修テキスト』内閣府

Roberts, N.P., Kitchiner, N.J., Kenardy, J. & Bisson, J. (2009), "Multiple session early psychological interventions for the prevention of post-traumatic stress disorder." Cochrane Database Systematic Review. 8(3), CD006869

高橋祥友・福間詳編集（2004）『自殺のポストベンション——遺された人々への心のケア』医学書院

van Emmerik, A.A.P., Kamphuis, J.H., Hulsbosch, A.H. & Emmelkamp P.M.G. (2002). " Single session debriefing after psychological trauma: a meta-analysis." Lancet, 360, 766-771.

WHO（世界保健機構）(2000=2007) 自殺予防「カウンセラーのための手引き」（日本語版初版、監

訳：河西千秋、平安良雄、横浜市立大学医学部精神医学教室より）
Wyman, P.A., Brown, C.H., Inman J. et al. (2008) "Randomized trial of a gatekeeper program for suicide prevention : 1-year impact on secondary school staff." Journal of Consulting Clinical Psychology, 76, 104-115.

第7章

ワークショップ講師

岡田澄恵

○○○○○

1. 講師とグループワーク経験

　自殺予防のゲートキーパーは、精神保健福祉医療の専門家でなくてもなれます。自殺の危機にある人と接する機会の多い人は、ゲートキーパーとしての知識とスキルを身につけていただきたいと思っています。一方、ワークショップの認定講師は、向き不向きが多少あり、また、誰でもなれるとまでは言い切れません。特に、ワークショップの午後のセッションは、グループのファシリテーションを経験したことのある方、言い換えると、グループワークの経験者のほうがうまく運営できます。

　ここでいうグループとは、精神保健福祉医療の現場における、利用者（クライエント）を対象としたグループのことです。そして、中でも、参加者（クライエント）の相互交流を促進するグループの経験がある人は、講師を担うのに適しています。精神保健福祉医療の利用者（クライエント）を対象としたグループでなくても、地域住民を対象とした会合の司会者や、受講者同士が相互交流する習い事の講師、また、少人数のクラスを対象に教えている教員の方々等は、やはり講師を担うのに適している可能性があります。講義形式のみのグループワーク経験は、ここでいうグループワーク経験にはあたりません。このように、グループワークを経験した者であれば、リーダー養成研修（講師養成研修）の受講をすることでより認定講師の役割を担うことが可能となります。

　グループワーク経験のない者が、午後のセッションの進行をいきなり担う

注：ソーシャルワークの一方法として、福祉的課題を有する利用者〈クライエント〉がメンバーとなっているグループを対象とした、意図的な働きかけのことをグループワークといいます。単に複数の人によるグループ作業のことを指しているわけではありません。

のは困難かもしれません。グループワークの経験がない場合は、リーダー養成研修（講師養成研修）受講修了後に、ワークショップのオブザーバー参加を経た上で、なおかつ、サブリーダーとして自殺危機にある人のロールプレイから講師を担うようにするのが良いでしょう。ロールプレイなどを用いるグループワークの経験のない人が、ロールプレイの進行にとまどうのは普通のことです。体験学習の運営には体験が一番の身につけ方です。

2. ロールプレイとは

　私たちのワークショップでは、ゲートキーパーがスキルを身につける方法としてモレノが創出したサイコドラマの手法であるロールプレイを使用しています。ロールプレイとは役割演技や模擬訓練と言われています。

　当初、ロールプレイは、ある人の立場になって、その人の気持ちを感じとるために活用されてきました。つまり、さまざまな人の心理的な理解を深めるために用いられてきたのです。その後、ロールプレイは、言動などのスキルを身につけるためにも活用されるようになりました。このような目的で用いられるロールプレイのことを、行動リハーサルともいいます。行動リハーサルとして活用されるロールプレイは、他者の気持ちの理解を深めることが主な目的ではありません。練習の対象となる言動（コミュニケーション等）を模擬的場面で行動リハーサルとして行い、練習した言動が身につくようにすることを目的とします。

　自殺危機初期介入ワークショップでは、参加者が、ゲートキーパーの役をし、自殺危機にある人は講師が行います。実際の場面を想定して、ゲートキーパーとして自殺危機にある人とのコミュニケーションを練習し、適切な専門家につなげるまでのスキルの獲得を目指しています。

　講師はサイコドラマで言うところの監督（注：グループの進行や展開に責任を持つ人）であり、補助自我（注：サイコドラマにおいてクライエントの相手役等となり、クライエントのロールプレイを支援する者）にあたりますので、関心のある方はサイコドラマを学ばれると、ロールプレイの源流の理解が深まります。一方、参加者がスキルを獲得するためにロールプレイが用いられているのはSST（ソーシャル・スキルズ・トレーニング、注：社会スキル訓練、生

活技能訓練などとも呼ばれる）ですので、SSTを深められると、参加者のスキル獲得にロールプレイを活用する方法の理解が深まります。

3. 自殺危機にある人のロールプレイの負担

　自殺危機にある人のロールプレイは、重いテーマに基づく、重い役割です。ロールプレイとはいえ、役になりきると、深く心を揺さぶられ、精神的な負担があります。講師自身が疲労感を意識しなくとも、ワークショップ終了後、判断力・集中力は低下します。このような精神的負担からくる不適切な行動へのリスク管理が必要となり、私たちのワークショップでは、自殺危機にある人のロールは講師のみとし、参加者に自殺危機にある人のロールをさせない方針をとっています。また、講師の精神的な負担は非常に大きいため、自殺危機にある人の役割を数時間続けるのはリスクが伴いますので、自殺危機にある人の役割は、交代して担います。

　なお、ワークショップで参加者は自殺危機にある人を助ける側のみの役を担いますが、それでも最後のセッションで参加者に、①ワークショップを終え帰宅するまでの注意と、②寝るまでにセルフケアを課しています。それはロールプレイからくる強い精神的負担へのリスク管理をするためのものです。

4. 参加者と講師の位置関係

　参加者は、全員で1人のゲートキーパーの役割を担います。参加者はロールプレイの度に席を移動するのではなく、ワークショップ開始当初からの座席から自殺危機にある人の役割をとる講師とロールプレイします。従って、ロールプレイをする講師（以下、サブ講師とします）は参加者全員の顔が見える位置に座ります。ロールをとっているのではないもう1人の講師（以下、メイン講師）がワークショップの進行を担当します。

　メイン講師は、ロールプレイが始まったら、ゲートキーパーの役割を担う参加者の横に移動します。ゲートキーパー役の参加者の横にいることによって、ロールプレイをスムーズに進行させ、緊張している参加者をサポートします。また、講師が会場内を移動することは、グループの緊張感を緩和する

ことにも役立ちます。その時に注意したいのは、講師が他の参加者やロールプレイをしている講師との間に立ちはだかり、視界をさえぎってしまったり、相互交流の邪魔をしてしまったりしないような立ち位置にいることです。

5. ロールプレイをうまく進めるには

（1）自己開示しやすい構造を作る

ロールプレイは自発的なコミュニケーションを活用した練習方法です。参加者が自らコミュニケーションしやすいように、ハード面・ソフト面の両面の構造化が重要となります。

ハード面としては、参加者以外の者が入ってきたり見られたりしない部屋であること。明るくある程度開放感のある部屋であること、講師と離れすぎず、かつグループとグループの程良い距離が保てる空間等です。

またソフト面では、ワークショップ中に電話が入らないようにする、講師と参加者以外の見学者等を入れない等の配慮です。特にロールプレイ場面のメディア取材は避けるようにしてください。もう一つソフト面と言えるものに参加者構成があります。同じ職場や同じ職種等日ごろよく顔を合わせる人同士は、できれば、あまり近くに座らないでいいように配慮しましょう。知り合いのほうが話しやすいのではと考えがちですが、後輩の前で恥をかきたくない、同僚には本心を知られたくない、知っている人だけにはずかしい等が自発的なコミュニケーションを萎縮させてしまうこともあります。できるだけ多様な参加者でワークショップを行うと、抵抗感が薄くなり相互交流が促進されます。

（2）午前のセッションの活性化がロールプレイをしやすくする

午後の体験学習の抵抗感を少しでも少なくするためには、午前中のセッションで参加者全体に和んだ雰囲気を作っておくことが重要になります。午後のセッションでは、ロールプレイを通して、参加者が体験的にゲートキーパーとして必要なスキルを身につけていきます。ロールプレイによる学習の効果を上げるには、ロールプレイに入る前に安心で安全な場をつくり、一人ひとりがテーマに向き合う、心の準備をしやすくすることです。

サイコドラマやSSTなどグループを用いた対人援助の方法では、心の準備を作るための作業をウォーミングアップといいます。グループの開始時に自己紹介や簡単なゲーム等でその場の雰囲気をやわらげるようなプログラムが多く用いられます。自殺危機がテーマのこのワークショップでは、ロールプレイによる体験学習を行うため、午前中のセッション全体がウォーミングアップとして位置づけられている一面があります。従って、午前中に講師がすべきことは知識の提供とともに安心して新しい行動やコミュニケーションの練習ができるグループを作ることともいえます。

(3) 参加者に聞こえる音量と明瞭な言葉

　マイクを使う、使わないにかかわらず、講師の声が参加者に届くようにすることは、大前提として必要です。内容が明確にわかるようにするには、はっきりと明瞭に言うことです。ロールプレイ場面では、午前中のセッションのように講師用テキスト通りに話せばいいというわけにはいきません。参加者の反応と発言内容によって、講師は柔軟で創造的に、そして、臨機応変に対応していきます。どのようなセリフであっても、講師の発言はきちんと伝わらなければなりません。ロールプレイの場面では教示・指示や促しなど自殺危機にある人のロールをとっているサブ講師の発言を聞いた後に、参加者がロールをとることになりますので、明瞭さが要求されます。なるべくシンプルに大きな声で声かけしていくようにするといいでしょう。

(4) ロールプレイをする人をはっきりさせる

　ゲートキーパーの役割は、参加者が順番に担います。このとき、誰がロールプレイをする者であるのかをはっきりさせることは大切です。「次はあなたですよ」ということを「次お願いします」と言葉で言うだけでなく、その人の近くに行って、手振りも付けて、ロールプレイを促します。はじめに「演習ごとに3〜4人の方におねがいします」等と、あらかじめ誰までが同じ課題の練習（ロールプレイ）をするのかがわかるように伝えておくと、参加者は、心の準備ができます。緊張の度合いも多少は下がり、その時点の演習に取り組みやすくなります。

（5）ロールプレイは順番に

　ワークショップでは対人援助の専門職ばかりでなく、ロールプレイによる研修などを体験したことのない職種の人々の参加も考えています。そのようなとき、参加者の緊張を少しでもやわらげるために、ロールプレイが当たる順番は、予測可能な順番がいいでしょう。自発的な申し出を待ったり、アトランダム（偶発的）に当てたりすると、予測可能性が下がるため、ワークショップ全体の緊張感が高まります。また、順番にあたっても、期待されているコミュニケーションが自発的にできないような場合は、「パス」することができます。参加者は、一度はうまく言えずにパスをしても、次に順番が回ってきたときには、できることが多いものです。

　時として講師は、ロールプレイの順番を忘れてしまうことがあります。そのときも焦る必要はありません。講師も緊張し、ワークショップの進行をしたり、参加者の状況を見たり頭の中はくるくる回っていますので、時には忘れてしまうのも仕方がないことです。しかし、参加者は自分の番を決して忘れることはないものです。「できれば自分を飛ばしてほしい」という気持ちはあるでしょうが、他の参加者が順番を覚えていることは承知しています。参加者に「次はどなたからでしたか」と聞けばよいのです。「私からです」と言ってくれたり、手を挙げてくれたり、他の人が指差してくれます。

（6）参加者のロールプレイに完璧を求めない

　ゲートキーパーの発言内容は、的の中心でなくとも的そのものにあたっていれば良いとします。経験を積んだ対人援助職の人であっても、集団の中では緊張し普段の力を出せないものですし、ましてやボランティアや市民の方が参加者の場合はコミュニケーションスキルにとまどうことが想定されます。全くの的外れであっても体験学習に参加してくれたこと、チャレンジしていることを評価し、提案としてモデリング（言ってもらいたいことを具体的に伝える）したり、テキストにのっている例を指し示したりして、ロールプレイを促すのも良い方法です。

（7）困難事例のロールをとらない

　自殺危機にある人を演じるサブ講師は、テキストにある事例の人物像から

それない範囲でロールプレイを行います。サブ講師が対人援助の専門職の場合は、日ごろ対応に苦慮している、重度の統合失調症の方や人格障害の方を演じてしまう可能性があります。しかし、このワークショップは精神保健医療の専門職以外の人も対象にしていること、自殺のリスクのレベルは6段階の中のレベル5くらいを想定していること、ゲートキーパーが専門家につなげることを目的にしていることなどから、メンタルヘルスの専門家であっても対応に苦慮しているような事例を演じることはワークショップの目的から少しそれてしまうことになるかもしれません。

（8）思いがけない方向に流れそうになった時

サブ講師は、事例の概要を理解し、演習の目的も理解してロールプレイに臨んではいますが、ゲートキーパーの言葉に触発されてその場その場で自発的に応答します。ロールプレイ部分のシナリオはありません。この即時性・柔軟性が当ワークショップの特徴で、講師にとっては一番エネルギーとスキルが必要かもしれません。思いがけない方向に流れそうになったとき、うまく、流れをワークショップの目的に合わせた方向へ引き戻す必要があります。あまり言葉数が少ないと、この軌道修正はできません。通常より、言葉数を多く応答することなどによって切り抜けます。

（9）黙ったままでロールが取れない参加者

参加者が黙ったままになってしまう場合もあります。そのときは、テキストを指差し、例のとおり言ってみるように促してみます。それでも話せない場合は「パスをしますか」と講師から聞き、次の参加者へ順番をまわします。このような方は何かワークショップのテーマに関わる課題を抱えていることもあり得ます。その後のその参加者の様子に注意します。もし、その場にいることがつらそうであれば、そっと退出を促すことも必要かもしれません。自死遺族であっても、クライエントを自殺により亡くした経験をした対人援助の専門職であっても、ロールプレイは、強烈なフラッシュバックを伴うことがあります。自殺を防げなかった等の自責感を強めたり、その体験を思い出させたりすることがあります。その体験が強い場合には、参加者の精神的負担軽減のため、リスク管理のために、ワークショップから退出を促すほう

がいい場合もあります。その場合は講師か主催者が話を聞きクールダウンをした上で帰宅してもらうようにします。

(10) 飲み物、茶菓子の準備

ワークショップは、体験型で実質6時間以上の長時間にわたるため、参加者の身体的・精神的疲労の回復と気分転換も必要です。主催者側には、飲み物や茶菓子を準備するようお願いをしています。模擬的な場面とはいえ、自殺しようと思っている人の支援をしようとすることは、エネルギーを使うことです。そのため、セッションの合間の休憩時間に、脳の疲れをとるためにも、飲み物やおやつを少量いただくことを奨励しています。それだけで、ワークショップの後半もリラックスし、集中力を持続させることができます。特に第4セッション後の休憩時には、必ず、用意していただきたいと考えています。

6. 役割解除

ロールプレイにおいて役割をとっている人の役割解除とは、いわば自殺危機にある人や、ゲートキーパーの役割からその人（本人）に戻ってもらうことを言います。

自殺危機にある役割を担ったままでは、リスクが伴います。自殺危機にある人の役割を担った、サブ講師の役割解除は、必ずセッションごと（休憩前）に行います。役割解除は、その人のそばに行き目を見ながら、「あなたは○○さんですよね」とか、「あなたは○○（役割名）さんではなく、○○（勤務先や職名等）の○○（本名）さんですね」などと言います。慣れている人であれば「役割解除して下さい」のひとことで済むかも知れません。初めての場合は、丁寧に役割解除を行います。

私たちのワークショップでは、ゲートキーパー役の参加者は、自殺したいという気持ちのある人の役割を担うわけではありませんので、あえて役割解除しないでもいいと思います。しかし、参加者が対人援助の専門職中心ではなく、主婦など一般市民が中心である場合には、参加者の役割解除を行ったほうがいいかもしれません。なぜなら、模擬的な場面であるとはいえ、「死

にたい」という気持ちのある人を「助けよう」とした役割を担ったことは、参加者の心身にも影響を及ぼしているからです。その場合は、メイン講師が参加者全員に対して、ワークショップで担った事例についてのゲートキーパー役割の解除を宣言して下さい。

【参考文献】
台利夫（2003）『新訂ロールプレイング』日本文化科学社
増野肇（1990）『サイコドラマのすすめ方』金剛出版

第8章

ワークショップの効果検討

小高真美

○○○○○

1. はじめに

　ゲートキーパーを養成する研修プログラムは、自殺予防のための効果的な戦略の一つであると考えられ、海外でも多くのプログラムが開発され実施されています（Issac et el., 2009）。研修に要する時間、研修内容、受講者のバックグラウンドはプログラムにより多種多様です。数時間の研修もあれば5日間にわたり実施されるものもあります。対象者も、医療、福祉、心理、教育、軍関係者、地域住民、ボランティア活動者などさまざまです。

　海外で実施されてきたゲートキーパー研修プログラムは、研修参加者の自殺予防に関する知識や技術、態度の改善に有効であると報告されています（Issac et al., 2009）。一方、それらプログラムの効果については、確固たる合意には至っていません。ヘルスケア、教育、司法、その他社会科学の領域における介入プログラムについて、それらが効果的か否かを評価する最善の研究方法は、ランダム化比較試験（randomised controlled trial：RCT）です（トーガーソン＆トーガーソン, 2010）[注1]。しかし、アイザックら（Issac et al., 2009）が、ゲートキーパー研修の効果について、英語論文として発表されている先行研究を系統的にレビューした結果、最終的に検討した13研究のうち、RCTを実施した研究は1件のみでした。この1件の研究は、32の学校に所属する教職員249名（研修参加群122名、非参加群127名）を対象として、Question, Persuade, Refer（QPR）というゲートキーパー研修プログラムの効果を検討したものです（Wyman et al., 2008）。その結果、QPR研修プログラム参加者の自殺予防に関する知識や自己効力感の高まりが示唆され、教職員を対象としたプログラム提供に一定の効果が認められたと報告されています。アイザックらの系統的レビュー研究（Issac, et al., 2009）の後にも、RCT

による研究はほとんど実施されていないものの、ゲートキーパー研修の有効性が数々報告されています（Cerel et al., 2012；Cross et al., 2012；Johnson & Parsons, 2012；Robinson et al., 2012；Smith et al., 2013；Tompkins et al., 2010；Tsai et al., 2011）。

日本でも昨今、ゲートキーパーの養成に向け、専門職を対象とした研修や都道府県や市レベルでの取り組みなど、さまざまな研修が展開されています（秋山他, 2012；今井, 2007；稲村, 2007；Kato et al., 2010；加賀他, 2011；小島他, 2011；小嶋, 2009；鈴木他, 2009；藤澤他, 2011；本橋, 2009；宮川他, 2010）。しかしながら、それらの研修効果についての検討は十分ではありません。

そこで「自殺危機初期介入スキル研究会」（以下、研究会）では、将来的なRCTの実施を視野に入れ、今回、ワークショップの効果と安全性を確認するための予備的調査研究を行いました。

2. 方法

（1）対象者

効果検討の対象となった人は、2008年8月～2009年3月に開催された計5回のワークショップに参加した91名です。5回のワークショップのうち3回は、研究会のホームページ上で開催をお知らせしたり、全国の精神保健福祉センターや保健所に開催要項を送付して参加を呼びかけました。1回は保健所からの依頼により、認定講師が保健所に赴きワークショップを実施しました。さらにもう1回は、研究会責任者が勤務する大学の同窓会が、卒業生を対象としてワークショップを主催しました。

表8－1は対象者の基本属性などです。職業上、患者や福祉・行政サービスの利用者などで「自殺で亡くなった人」・「自殺未遂をした人」・「自殺願望のあった人」のいずれかと関わった経験がある人は全体の84.1％と8割を超え、その詳細は、「自殺で亡くなった人」と関わりがあった対象者は全体の55.6％、「自殺未遂をした人」と関わりがあった対象者が36.1％、「自殺願望のあった人」と関わりがあった対象者は30.6％でした。また、家族や友人、同僚など、日ごろから交流がある人で「自殺で亡くなった人」・「自殺未遂をした人」・「自殺願望のあった人」のいずれかと関わった経験がある人は全体

の64.3％で、その詳細は、「自殺で亡くなった人」と関わりがあった対象者が41.9％、「自殺未遂をした人」と関わりがあった対象者が29.7％、「自殺願望のあった人」と関わりがあった対象者が28.4％でした。

表8－1　基本属性等の記述統計

	有効回答	n	％
性別：女性	70	52	74.3
婚姻状況	71		
独身		27	38.0
既婚		38	53.5
離婚		4	5.6
死別		2	2.8
学　歴	71		
高卒		1	1.4
専門・短大		7	9.9
大卒		43	60.6
大学院		17	23.9
その他		3	4.2
職　業	69		
医　師		1	1.4
看護師・保健師		12	17.4
心理士		2	2.9
ソーシャルワーカー		30	43.5
薬剤師		1	1.4
介護関連職		2	2.9
大学生		3	4.3
大学院生		4	5.8
その他		14	20.3
職業上の自殺に関する経験：あり	69	58	84.1
個人的関係で自殺に関する経験：あり	70	45	64.3
自殺対策研修等への参加：あり	71	40	56.3
	n	m	SD
年齢（歳）	69	39.7	11.1
職業年数（年）	61	11.7	8.4

（2）調査の実施方法

　調査対象者には、ワークショップ開始直前と終了直後に、ワークショップ会場で、調査のための質問紙と研究調査の説明書を配布し、質問紙への回答

と提出を依頼しました。質問紙への回答時間は概ね15分でした。

（3）効果測定のための調査内容

　ゲートキーパー研修を含め、自殺予防のためのプログラムが目的とするのは当然、自殺を予防することですから、本来そのプログラムが効果的かどうかを判断する指標は予防できた自殺死亡者数や自殺死亡率とすべきです（Rogers et al., 2007）。しかし残念ながら、それを指標として研究を実施するのは容易ではありません。自殺者の多さが社会問題化しているとはいえ、その発生は比較的まれだからです（2011年の日本における、がんによる死亡率は男性が346.9、女性が222.7〈人口10万対〉（国立がん研究センターがん対策情報センター, 2013）であった一方、同年の自殺死亡率は男性が32.4、女性が13.9〈人口10万対〉（内閣府, 2012）でした）。もし、ある自殺予防のためのプログラムについて、それを実施することにより予防できた自殺者数を効果指標として、信頼性の高い効果検討研究を実施しようとするならば、膨大な数の研究対象者（例えば数百万人）が必要となります。そのため、ゲートキーパー研修の効果を評価する指標として、自殺死亡者数や自殺死亡率の代わりに、研修受講者の自殺や自殺予防に関する知識、態度、技術、自己効力感などを検討することが多くあります。

　今回、ワークショップの効果を測定するために用いた調査票は、ゲートキーパーとしての役割を果たすための自己効力感を測定する『自殺危機ゲートキーパー自己効力感尺度』（218ページのAppendix参照）（以下、自己効力感尺度）、自殺に対する態度を測定する『Attitude Towards Suicide Scale』日本語版（小高, 2012 ; Kodaka et al., 2012）（以下、ATTS日本語版）[注2]、基本属性・その他で構成しました。

　自己効力感尺度は本研究のために研究会で開発した尺度です。自己効力感とは、自分はあることに対して力量がある・効果的であると信じる感覚のことです（Myers, 1993）。自己効力感尺度は、自殺危機にある人に初期介入を行うための知識とスキルに対する、ワークショップ参加者の主観的な自信度を測ります。尺度は10項目で構成されています。調査の対象者は、それぞれの項目に対して、0 "全く自信がない" から10 "絶対に自信がある" のうち、あてはまる数字1つに○をつけます。項目の作成にあたっては、自殺初

期介入に必要な知識とスキルに対する自己効力感について、ワークショップの内容に対して妥当である6項目を考案しました。さらに、過去の先行研究（Gask et al., 2006）を参考にして、4項目を追加しました。

ATTSのオリジナル版は、スウェーデンの研究者が、自殺に対する態度を測定する長年の尺度開発の成果を踏襲し、開発しました（Renberg & Jacobsson, 2005）。他の類似の尺度と比較すると項目数も少なく、大規模な臨床研究においても実施可能性が高いと考えられています（Kodaka et al., 2011）。「態度」とは、人の認知・感情・行動に表われる、ある事象に対する評価のことです（Myers, 1993）。今回、ワークショップの効果を検討する際に使用したATTS日本語版は、オリジナル製作者からの翻訳許可の取得、日本語への翻訳、自殺対策研究の専門家による検討、暫定的日本語版による試行調査、バックトランスレーション、オリジナル製作者との協議、最終加筆・修正の過程を経て開発されました（小高, 2012；Kodaka et al., 2012）。ATTS日本語版は、37項目で構成されており、各項目に対して5段階評価（1 "全くそう思う"、2 "どちらかといえばそう思う"、3 "どちらでもない・場合による"、4 "どちらかといえばそう思わない"、5 "全くそう思わない"）で回答を求めます。

最後に、基本属性及びその他の質問項目として、性別、年齢、婚姻状況、学歴、職種とその職種に従事した年数、職業上あるいは個人的に交流があった人で「自殺で亡くなった人」・「自殺未遂をした人」・「自殺願望のあった人」と関わった経験の有無、自殺予防に関する研修等への参加経験の有無をたずねました。またワークショップ実施後に行った事後調査では、ワークショップに対する感想や意見について、自由記述でフィードバックしていただきました。

（4）倫理的配慮

本調査研究は、ルーテル学院大学の倫理審査委員会で審議され、その承認を受けて実施しました。対象者には、調査の目的、個人の権利擁護および個人情報の保護に関して記載した説明書を配布しました。質問紙は無記名としました。ワークショップの効果を検討するためには、事前調査と事後調査の同一回答者による質問票を、氏名など個人を識別できる情報以外を用いて連

結させる必要があるため、調査対象者が設定した任意の6桁のID番号を事前・事後調査票に記載してもらい、それをもって事前・事後の質問票を処理しました。対象者は調査票への回答と提出をもって調査協力へ同意したものとしました。回答や調査票の提出は任意としました。

(5) データの分析方法

今回の効果検討の対象となった91名のワークショップ受講者のうち、ワークショップの事前・事後ともに質問紙の全項目について回答した71名を、効果検討のためのデータ分析対象としました。分析の対象外となったのは、事前調査時間を終了した後にワークショップに参加したために、事前調査に回答できなかった1名、任意のID番号の記載漏れおよび記載ミスがあったために、事前・事後調査で得たデータを同一人物からの回答として連結できなかった15名、自己効力感尺度およびATTS日本語版に回答漏れや回答ミスがあった4名です。

具体的なデータ分析として、自己効力感尺度10項目とATTS日本語版37項目の各項目得点について、研修後は研修前と比較して有意な変化が見られるかを検討するため、中央値の差の検定（ウィルコクスン符号付き順位検定）を実施しました。

最後に、ワークショップに対する意見や感想を分類、整理しました。

3. 結果

(1) 自己効力感の変化

ワークショップ参加前と参加後とでは、自己効力感尺度のすべての項目について、中央値に有意な差が認められました（表8-2）。得点が高いほど、より"自信がある"ことを意味します。つまり、ワークショップに参加することで、自殺危機にある人に対する初期介入に必要な知識と技術について、より自信を持てるようになったといえます。

(2) 自殺に対する態度の変化

ATTS日本語版37項目のうち22項目で、ワークショップ参加前と参加後

表8－2　ワークショップ前後の自己効力感尺度得点

項　　目	ワークショップ前					ワークショップ後					z	
	m	SD	min	max	med	m	SD	min	max	med		
自殺ハイリスク者傾向	4.8	2.5	0	9	5	7.1	1.6	1	10	7	6.41	***
自殺念ハイリスク者様子行動	4.8	2.4	0	9	5	6.9	1.6	1	10	7	6.30	***
傾聴能力	6.8	2.0	0	10	7	7.9	1.3	5	10	8	4.96	***
自殺ハイリスク者状況把握	6.3	2.0	0	10	7	7.5	1.4	4	10	7	5.25	***
生きるのぞみの模索	5.7	1.9	0	10	6	6.9	1.6	3	10	7	5.40	***
社会資源へつなげる	5.7	2.1	0	10	6	6.9	1.5	3	10	7	4.68	***
うつと自殺念慮者の違い	4.2	2.6	0	10	4	5.8	2.0	2	10	6	4.30	***
自殺危険度見極め	2.6	2.6	0	10	2	4.8	2.5	0	10	5	5.79	***
自殺念慮者相談	4.9	2.7	0	10	5	6.7	1.9	0	10	7	5.41	***
自殺念慮者対応	4.2	2.7	0	10	4	7.2	1.6	2	10	7	6.85	***

ウィルコクスン符号付き順位検定：z値は絶対値
m：平均値，SD:標準偏差，min：最小値，max：最大値，mid：中央値
*p<0.05; **p<0.01; ***p<0.001

で有意な差が認められました（表8－3）。それらの項目は、主に『自殺に対する容認』、『自殺予防やハイリスク者支援』、『自殺に関する認識（知識）』の3つのグループに分類して考えることができます。『自殺に対する容認』の度合いを測る項目は、得点が高いほど（項目番号2のみ得点が低いほど）、自殺を容認しない態度が強いことを表します。ワークショップに参加することで、それまでよりも自殺を容認しない方向に態度が変化しました。次に、『自殺予防やハイリスク者支援』に対する態度を測る項目は、自殺の予防や自殺のハイリスク者支援に対する姿勢に関するものです。項目番号1、30、37は得点が低いほど、項目番号6、13、24は得点が高いほど、予防や支援により前向き・積極的な態度であることを示します。ワークショップに参加した後は参加する前と比べ、自殺予防やハイリスク者支援に対してより前向き・積極的な態度に変化しました。最後に、『自殺に関する認識（知識）』について測定する項目は、自殺や自殺表明に対しての知識度を評価します。得点が高いほど（項目番号8、31は得点が低いほど）、自殺についてより真実に近い認識を持っていることを示します。ワークショップの参加者は、参加前と比べ、自殺や自殺表明に対するより正しい知識を身につけることができたことがわかりました。

表8−3 ワークショップ前後のATTS日本語版得点

項目	ワークショップ前					ワークショップ後					z		項目分類
	m	SD	min	max	med	m	SD	min	max	med			
自殺ハイリスク者常時助け可能	3.2	1.1	1	5	3	2.3	0.8	1	5	2	5.03	***	予防
自殺は正当化できない	2.7	1.1	1	5	3	2.2	1.1	1	5	2	3.51	***	容認
自殺は家族に対する最悪行為	2.7	1.2	1	5	2	2.6	1.3	1	5	2	1.03		
自殺は衝動行為	3.6	1.0	1	5	4	3.6	1.2	1	5	4	0.32		
不治の病から逃れる手段として容認	3.9	0.9	2	5	4	4.1	0.9	2	5	4	1.98	*	容認
自殺を決めたら他人は阻止不可能	4.2	0.8	2	5	4	4.4	0.7	1	5	5	2.11	*	予防
自殺は復讐が目的	4.3	0.7	2	5	4	4.4	0.9	1	5	5	1.08		
自殺する人の多く精神の病あり	2.6	1.1	1	5	2	2.3	1.0	1	5	2	2.31	*	認識
自殺の阻止は人としての義務	2.1	0.9	1	4	2	1.9	0.8	1	4	2	1.73		
自殺は熟考した上での行為	3.1	1.0	1	5	3	2.9	1.0	1	5	3	1.49		
自殺について質問すると自殺誘発	3.8	1.0	1	5	4	4.6	0.5	3	5	5	5.33	***	認識
自殺すると脅すは自殺しない	3.8	1.0	1	5	4	4.3	0.9	1	5	5	4.01	***	認識
自殺の話題は不適切	4.1	1.0	1	5	4	4.4	0.9	1	5	5	2.79	**	予防
私にとって孤独が自殺の理由になる	2.9	1.4	1	5	3	2.8	1.4	1	5	2	1.39		
多くの人が自殺を考えたことあり	2.4	1.0	1	5	2	2.5	0.9	1	5	2	1.30		
自殺が唯一の解決策である状況あり	3.8	1.0	1	5	4	4.2	0.8	2	5	4	3.16	**	容認
私は願望なくても自殺発言可能性あり	3.7	1.2	1	5	4	3.5	1.3	1	5	4	0.94		
自殺で周囲気楽になることあり	4.1	1.0	1	5	4	4.3	1.0	1	5	5	2.21	*	容認
若者の自殺は理解不能	4.2	1.1	1	5	4	4.3	0.9	1	5	4	0.19		
私は不治の病で自殺考える可能性あり	2.8	1.2	1	5	3	3.1	1.3	1	5	3	2.33	*	容認
一度自殺を考えたら考えはなくせない	4.0	1.0	2	5	4	4.0	0.9	2	5	4	0.41		
自殺の予兆はない	3.7	1.0	1	5	4	4.0	0.9	1	5	4	2.78	**	認識
多くは自殺の話題を普通は回避	2.3	0.9	1	5	2	2.1	0.9	1	4	2	1.01		
自殺は個人の問題	4.3	0.9	1	5	5	4.6	0.7	1	5	5	2.50	*	予防
孤独が自殺の原因	2.4	1.0	1	5	2	2.2	1.0	1	5	2	1.87		

項　　目	ワークショップ前					ワークショップ後					z		項目分類
	m	SD	min	max	med	m	SD	min	max	med			
自殺は助け求める行為	1.9	0.7	1	4	2	1.8	0.8	1	5	2	1.18		
なぜ命を絶つのか理解不能	4.0	1.1	1	5	4	4.3	1.0	1	5	5	2.31	*	認識
自殺念慮ある時家族理解してない	3.0	0.9	1	5	3	2.8	0.9	1	5	3	2.30	*	他
不治の病なら自殺の手助け受けるべき	3.8	1.1	1	5	4	4.2	0.8	2	5	4	3.20	**	容認
私はハイリスク者を助ける心づもりある	2.1	0.7	1	5	2	1.7	0.8	1	5	2	3.81	***	予防
誰もが自殺可能性あり	1.7	0.8	1	5	2	1.5	0.6	1	3	1	2.65	**	認識
私は不治の病で自殺する人理解できる	2.3	0.8	1	5	2	2.5	1.0	1	5	2	2.12	*	容認
自殺について語る人は自殺しない	3.9	1.0	1	5	4	4.4	0.8	1	5	5	3.69	***	認識
人には自殺する権利あり	3.8	1.1	1	5	4	4.1	0.9	2	5	4	3.53	***	容認
自殺は身近な衝突原因	3.7	1.0	1	5	4	3.7	0.9	2	5	4	0.19		
私が不治の病で自殺の手助け欲しい	4.0	1.1	1	5	4	4.2	1.0	1	5	4	1.83		
自殺は予防可能	1.9	0.7	1	4	2	1.7	0.6	1	3	2	2.60	**	予防

ウィルコクソン符号付き順位検定：z 値は絶対値
m：平均値，SD：標準偏差，min：最小値，max：最大値，mid：中央値
*p<0.05；**p<0.01；***p<0.001
項目分類　容認：自殺に対する容認；　予防：自殺予防やハイリスク者支援；　認識：自殺に関する認識（知識）；
空欄：ワークショップ前後の比較で、得点の中央値に有意な差が認められなかったため、項目分類を行わなかった項目
（注）各項目の文言は報告用に簡略化しています。

（3）ワークショップ参加者の感想・意見

　ワークショップに対する感想や意見は、『ワークショップ全般』、『内容、進行・学習方法』（さらに11個の小分類）、『ワークショップ参加前後の個人的経験や意識の変化』（さらに3つの小分類）、『その他』に大きく分類されました。全体的に前向きなフィードバックが多い中、今後のワークショップの展開にあたり検討を求めるあるいは検討が必要な意見もありました。内容の詳細は表8−4を参照してください（自由記述で回答を求めたため、表現にばらつきがみられましたが、類似する感想・意見は集約し、整理しました。感想・意見の文言は本書用に分かりやすく加筆修正〈主に「てにをは」の加筆修正〉した部分もあります）。

表8−4　ワークショップ参加者の感想・意見

前向きな事柄	検討を求める（が必要な）事柄
■ワークショップ全般 ・貴重な体験となり、受講してよかった ・標準化されたプログラムで、今日から使える実践的な内容だった ・十分準備されていた ・体系的に整理された構成だった ・内容が興味深かった ・丁寧で配慮ある ・実践の振り返りができた ・自殺問題以外にも活用できる面接スキルを習得できた ・多くの人に受けてもらいたい（特に非専門職の人） ・このワークショップが普及されれば自殺者数も減少するのでは ・今後もワークショップを継続してほしい	
■内容、進行・学習方法 ＊特に印象に残る内容 ・（自殺の危機にある人が出す）サインには様々あり、見逃さないように日々、意識する必要がある ・（グループ討議を通じて）サインを想像することが難しい年代があったり、自分では気付かなかったサインがあったり、主なものを知っているがゆえに、その他を見過ごしてしまうこともあることに気付いた ・自殺ハイリスク者の心境について、対応のヒントになった ・自殺ハイリスク者への関わりについて、過剰反応したり言葉に詰まらないように（冷静に）対応することが大切であり、自分の考えを押し付けず共感していくことが重要である ・自殺の危険性をはかることの重要性 ・一人で抱え込まず、ネットワークで支えること ・初期介入の流れの整理と具体的介入方法やスキルの習得 ・自殺の意志の確認や方法 ・受容・共感だけでなくその次の対応について ・知っているつもりのことでも、改めて確認できてよかった	
＊グループ討議・作業 ・自分の考えを整理したり、新たな気付きを得られた ・他職種や同じ職種でも異なる職場の人たちとグループ作業をすることで、意見の違いや共通点を見出すことができ、勉強になった	・作業時間を長くしてほしい ・課題が漠然としている ・課題が複数ある場合、取り組む課題を選びたい
＊ロールプレイ演習 ・有意義だった ・客観的に自分の関わり方や態度を振返ることができた ・本番のつもりで聞くことが大切だと思った ・（自殺ハイリスク者）役を演じた講師が上手だった ・（ロールプレイの後に、役になりきったままの講師の）感想を聞けたのもよかった	・もっと時間がほしい ・ケースの概要を資料にしてほしい
＊自殺の意志・計画を具体的にたずねる演習 ・練習する前に思っていたよりすんなりできた ・口に出して練習できてよかった ・（全員が練習することで）いろいろな尋ね方（表現方法）があって参考になった	

前向きな事柄	検討を求める（が必要な）事柄
＊ワークショップの構造 ・講義だけでなく、演習があってよかった ・参加型ワークショップなので、理解が促進された ・（ワークショップの中で）考えること（作業）がよかったし、考えを整理できた ・初期介入の流れが具体的だった ・ポイントが明確だった ・（「ひこうきくま」（基礎的カウンセリング技術習得のために本研究会が開発した語呂合わせ））例があって分かりやすい ・座学とロールプレイのバランス、DVD・テキスト・ロールプレイのバランスが良い ・初期介入のプロセスを色の移り変わりで表現している方法は活用できそう ・「ひこうきくま」が分かりやすく心に残った	・（このワークショップの流れだとハイリスク者への）関わりに順序があるように感じられてしまうのではないか
＊テキスト ・カラー、コンパクト、かわいい、工夫されていた	・もう少し説明の記述がほしい
＊ワークショップの長さ・時間配分 ・休憩が十分にあり、クールダウンできてよかった	・足りない、ゆとりをもって ・休憩時間を事前に知りたい ・時間内に終了してほしい ・時間配分を見直してほしい、自己紹介が長い
＊講師の進行 ・よかった	・進め方が速いところがあった ・講師用テキストを読み上げている部分は改善してほしい
＊環境整備 ・おやつなどの配慮がよかった	・ワークショップの導入で緊張を和らげる工夫がほしい ・DVDの音量が小さい
＊更に学習を深めたい内容	・自殺に至るきっかけについて更に詳しく ・（対応の）心構え ・ゲートキーパーとしての危険性や限界 ・共感的反応について更に詳しく
＊継続研修および専門職に限定した内容の研修の希望、他	・フォローアップ研修やスキルアップ研修を実施してほしい ・専門職向けの内容があるといい ・専門性、職種をしぼったワークショップ（を希望） ・実践現場に即したものに（してほしい） ・（ワークショップは）現場で扱う問題を十分満たす設定となっていない ・実際に相談に訪れる人のケースはもっと複雑、そのようなケースの検討なども組み合わせ（てほしい） ・パーソナリティー障害、アルコール薬物依存症のある人について（理解を深めたい） ・（自殺ハイリスク者は、自分に対して）「かわいそう」と思われると壁をつくるが、ワークショップにはその危険性があるのでは
■ワークショップ参加前後の個人的経験や意識の変化 ＊ワークショップ参加前の個人的経験 ・ワークショップ受講前は、ハイリスク者への対応にたじろいだりとまどいを感じたり、自殺の意志を訊くことにためらいがあった ・（自殺ハイリスク者への）対応にあたって、「自殺予防」の意識がなかったかもしれない ・（自殺ハイリスク者への支援場面では）自分の経験則による対応になっていた	

前向きな事柄	検討を求める（が必要な）事柄
＊ワークショップ参加前後の個人的経験や意識変化 ・対応に自信が持てた ・積極的に関われそう ・不安が軽減された ・自殺についての誤解を正すことができた ・一人で抱え込まずに多くの人で支えることの重要性を知って気持ちが楽になった ・不治の病による自殺や自殺の権利など、価値や倫理について考えを深めたい	・実際に対応できるか分からない ・経験を積まないといけない ・短期間のワークショップでスキルを習得できたか疑問
＊今後の抱負 ・実践に活かしたい ・職場で共有したい ・更にトレーニングを受けたい ・リーダー養成研修を受けたい	
■その他（具体的質問、参加動機など） （省略）	

注1：各フィードバックの（　）内は、実際のコメントを補足説明するために追記しました。
注2：類似の意見は1つに集約しているため、ここで掲載している各フィードバックについて複数の方が回答している可能性があります。

4. 考察

（1）ワークショップの独自性

　日本でこれまでに実施されてきた自殺予防対策のための研修プログラムの多くは、カウンセリングの基礎を学ぶことが研修内容の中心となっていました（今井, 2007；稲村, 2007；加賀他, 2011；小島他, 2011；小嶋；2009）。一方、ゲートキーパーとしての役割を果たすためには、自殺ハイリスク者を見極め、彼らを治療や支援へとつなげる、適切な知識や技術を身に着ける必要があります（Isaac et al., 2009）。本ワークショップは、傾聴、受容・共感などのカウンセリング技術や自殺予防に関する基礎知識の習得に加えて、治療や支援（ここでの支援とは、公的機関や専門家からの支援だけでなく、家族や友人、知人、隣人、ボランティア等々、インフォーマルなつながりから得られる支援も含みます）につなげるための知識や技術を総合的に体得することを目的としています。そしてその内容や学習方法は、わが国の精神保健医療福祉の実情や、過去の先行研究で明らかとなっている根拠をもとに構築しました。そのため、本ワークショップは、日本におけるゲートキーパー養成のための研修プログラムとして先駆的なものであると考えています。

（2）知識・技術が不十分な状態でのハイリスク者への対応

　今回のワークショップ効果検討にご協力くださった調査対象者のうち、自

殺既遂・未遂・念慮のいずれかがあった人との関わりを、職業上84.1%（既遂も55.6%）の方たちが経験されていました。その一方で、これまでに自殺対策に関する研修や講演会に参加したことがある人は全体の56.3%にとどまっていました。自殺に関する知識や技術を身につける教育を受ける機会が不十分な中、日ごろの臨床現場において自殺のリスクが高い人たちの対応をせざるを得ない現状があることがうかがえます。欧米においても、この点が課題として指摘されています（Dexter-Mazza et al., 2003 ; Feldman & Freedenthal, 2006）。わが国では、研修医に対する自殺予防教育についての報告（秋山他, 2009 ; 鈴木他, 2009 ; 藤澤他, 2011）がありますが、今後は本ワークショップのような現任者研修に加え、保健・福祉領域の専門職養成課程においても、自殺対策に関する教育を積極的に導入する必要があるのではないでしょうか。

（3）ワークショップ参加による自己効力感の改善

　本研究会で開発したワークショップは、自殺危機にある人へ初期介入を実施するために必要な知識と技術に対する自己効力感を高めるのに効果的であることが示唆されました。自己効力感の高まりが、より望ましい業務の遂行につながるということは、さまざまな研究で実証されています（Salsa & Cannon-Bowers, 2001）。自殺対策に関連する臨床業務においても、支援者に、自殺ハイリスク者に対して適切に支援できないのではないかという不安があると、それがハイリスク者支援の障壁になるとの研究報告があります（Valente & Saunders, 2004）。このことから、自殺ハイリスク者支援のための知識や技術に対して自信をつけることは、そのようなハイリスク者に対して効果的に支援を行うためにも不可欠な要素であると考えられます。本ワークショップに参加することで、自殺危機にある人への初期介入を行うための知識と技術に対して自己効力感が高まったことから、現場での臨床業務や日常生活の中で自殺ハイリスク者に出会った際、以前より積極的に対応できるようになったのではないかと期待されます。

（4）ワークショップ参加による態度の改善

　自殺に対する態度については、ワークショップの参加後は参加前と比べて、

調査対象者の自殺を容認しない態度が強まりました。また、自殺予防やハイリスク者支援により前向きな態度を持つようになりました。さらに、自殺に関してより正しい認識が得られたことがわかりました。自殺のハイリスク者を支援する際、支援者の自殺に対する態度が、ハイリスク者への支援行動に影響すると言われています（Bagley & Ramsay, 1989；Samuelsson et al., 1997）。例えば、自殺を容認する態度が強い支援者ほど、自殺ハイリスク者へのカウンセリングが効果的なものではなかったという報告があります（Neimeyer et al., 2001）。つまり、ワークショップの参加で自殺を容認しない態度が強まったということは、参加者はより効果的なハイリスク者支援が可能になった可能性を示します。また自殺予防やハイリスク者支援に対する前向きな態度や自殺に対する正しい認識を持つようになったことは、これまでよりも積極的かつ適切なハイリスク者支援ができるようになったことが期待されます。

　また、医師や看護師を対象とした先行研究によると、自殺ハイリスク患者に対する怒りなどの否定的な態度は、ハイリスク者に対する治療的でない対応と関係していました（Demirkiran & Eskin, 2006）。つまり、ハイリスク者に対する効果的・治療的な支援に結びつく、自殺に対する"望ましい"態度の獲得が重要であるようです。本ワークショップの参加によって認められた態度の変化は、将来的な効果的自殺予防・対策の実践につながる可能性があり、非常に意義があると考えられます。

　一方、ワークショップの前後で有意に変化しなかった態度項目もありました。これらについては、ワークショップ参加前から、ゲートキーパーとして"望ましい"と想定される態度を持っていたことが理由の一つとして考えられるのではないでしょうか。本研究の対象者は、自発的にワークショップに参加した人が多く、経験年数の比較的長い対人援助の専門家でした。このような背景の対象者は、ワークショップ参加前に、すでにある一定の"望ましい"態度を備えていたのかもしれません。今後は、対人援助専門職のみならず、民生・児童委員やボランティア活動者など、地域ゲートキーパーとして重要な役割を果たすことが期待されている対人援助専門職以外の人たちを中心としたワークショップの開催やワークショップ参加による態度の変容も検討していく必要があるでしょう。

(5) ワークショップ参加後の感想・意見

　ワークショップに関するフィードバックの大多数は、肯定的なもので、ワークショップを高く評価するものでした。一方で、今後のワークショップの普及にあたり、検討を求めるあるいは検討が必要なフィードバックも得ることができました。

　「(このワークショップの流れだとハイリスク者への) 関わりに順序があるように感じられてしまうのではないか」「進め方が速いところがあった」「講師用テキストを読み上げている部分は改善してほしい」については、リーダー養成研修の際に、その部分について認定講師を目指す者は特に留意するよう促していく必要があるでしょう。特に、ハイリスク者への関わりの順序については、ワークショップの随所で、関わりに順序があるわけではないことを強調するようになっていますが、この点は参加者が繰り返し意識できるようにより強化していくべきかもしれません。加えて、「ワークショップの導入で緊張を和らげる工夫がほしい」という意見については、現行のワークショップで取り入れられている自己紹介以外のアイスブレークの実施について検討したいと考えます。

　時間不足についての意見もいくつか見受けられました。ワークショップの開発にあたり、研究会では、ワークショップ実施時間数について議論を深めました。本ワークショップで提供する内容量は2日以上の研修期間に値するものなのかもしれません。一方で、日々多忙な業務に追われる対人援助専門職にとって、2日以上の研修に参加することは容易なことではないと考え、研修期間を1日に決めた経緯があります。今後のワークショップ実施を継続的にモニタリングし、2日以上の研修が妥当だと研究会が判断するようなことがあれば、フォローアップ研修など、追加の研修の実施も検討していきます。

　さらにより学習を深めたい内容やフォローアップ研修、スキルアップ研修、専門職向けの研修などの実施についての要望もあがりました。これらは、本ワークショップへの参加により自殺対策に関心が深まり、さらなる研鑽を積みたいという前向きな姿勢の表れでしょう。新たな研修プログラムの開発については、今後の研究会の課題にするとともに、研究会以外が開催する研修で、このようなニーズを満たすプログラムが開発された際には、その情報発

信を行っていきたいと考えております。

　最後に、ワークショップで学んだことを実践の場に活かすことについて、不安の声もいくつかあがりました。今回のワークショップの効果検討では、ワークショップ直前と直後の自己効力感および自殺に対する態度について比較分析しました。参加者が日常の臨床等の業務に戻り、日々の実践の場でどの程度ワークショップへの参加が役立ったかについては検討しておりません。今後は、ワークショップ参加者の、その後の自殺ハイリスク者支援の実際について追跡調査を行う必要もあるでしょう。

(6) 調査の課題

　本章で紹介した調査研究にはいくつか限界もあります。第一に、対象者が71名と少数でした。第二に、ワークショップの参加によって得られた効果がどのくらいの期間、持続するかについては明らかになっていません。さらに、ワークショップに参加していない人との比較検討は実施しませんでした。将来的には、対象者の拡大や追跡調査の実施、RCTなどのより科学的な研究手法を用いたワークショップの効果検討も必要と考えます。また、ワークショップ参加者からは、ワークショップは「役に立った」という意見が数多く寄せられているものの、前述の通り、現場における自殺ハイリスク者支援の中で、ワークショップの参加により支援行動が改善したかどうかは不明です。今後の研究では、ワークショップ参加後の支援の実際にも注目していきたいと考えております。

(7) 終わりに

　自殺危機初期介入スキルワークショップは、自殺危機にある人に初期介入する際の知識と技術に対する自己効力感を高めると共に、自殺予防・対策に取り組むための"望ましい"態度の獲得に一定の効果があることがわかりました。また、ワークショップ参加により、参加者の心身の健康を害するような問題や臨床業務上等で支障をきたすような問題は報告されておりません。参加者からは肯定的なフィードバックが数多く寄せられており、これらを総合的に評価すると、ワークショップの実施可能性が高いことが示唆されました。今後は、ワークショップの普及を目指すとともに、より科学的な効果検証に

向けて研究を継続する必要があるでしょう。

注1
　本書では、社会調査等について深く言及することは避けます。対人サービスにおけるプログラムの評価やRCTについては、以下の書籍などをご参照ください。
1. ピーター・H・ロッシ、マーク・W・リプセイ、ハワード・E・フリーマン（大島巌、平岡公一、森俊夫、元永拓郎監訳）（2010）『プログラム評価の理論と方法――システマティックな対人サービス・政策評価の実践ガイド』日本評論社
2. マイケル・スミス（藤江昌嗣 監訳、矢代隆嗣訳）（2009）『プログラム評価入門――行政サービス、介護、福祉サービス等ヒューマンサービス分野を中心に』梓出版社
3. D・J・トーガーソン、C・J・トーガーソン（原田隆之、大島巌、津富宏、上別府圭子監訳）（2010）『ランダム化比較試験（RCT）の設計――ヒューマンサービス、社会科学領域における活用のために』日本評論社

注2
　ATTS日本語版の使用を希望される場合は、わが国のソーシャルワーカーの自殺に対する態度とその影響要因に関する原著論文（Kodaka et al., 2012）に筆頭著者の連絡先が記載されておりますので、そちらをご参照の上、著者にご連絡ください。

付記
　本章は、『小高真美、福島喜代子、岡田澄恵、山田素朋子、平野みぎわ、島津屋賢子、自殺危機初期介入スキル研究会「自殺危機初期介入スキルワークショップの開発とその効果に関する予備的研究」『自殺予防と危機介入』、2011年, 31号, pp.33-42.』に加筆修正したものです。
　本研究は、ルーテル学院大学学内研究助成奨励金の助成を受けて実施しました。
　調査にご協力いただいた皆様への謝意を表します。

【引用文献】

秋山恵子、大山寧寧、河西千秋他（2012）「初期研修医を対象としたうつ病診療・自殺念慮対応研修の概要と実施報告」『神奈川医学会雑誌』39, 303-304.

Bagley, Ch. & Ramsay, R. (1989) Attitudes toward suicide, religious values and suicidal behavior : Evidence from a community survey. Eds. R.F.W. Diekstra, R. Maris, S. Platt, et al. : Suicide and Its Prevention : The Role of Attitude and Limitation, 78-90, Leiden, E.J. Brill.

Cerel, J., Padgett, J.H., Robbins, V. et al. (2012) A state's approach to suicide prevention awareness : gatekeeper training in Kentucky. Journal of Evidence-Based Social Work. 9, 283-92.

Cross, W., Matthieu, M.M., Lezine, D, et al. (2010) Does a brief suicide prevention gatekeeper training program enhance observed skills? Crisis, 31, 149-59.

Demirkiran, F. & Eskin, M. (2006) Therapeutic and nontherapeutic reactions in a group of nurses and doctors in Turkey to patients who have attempted suicide. Social Behavior and Personality, 34, 891-906.

Dexter-Mazza, E.T. & Freeman, K.A. (2003) Graduate Training and Treatment of Suicidal Clients : the Students'

Perspective. Suicide and Life-Threatening Behavior, 33, 211-218.

Feldamn, B.N. & Freedenthal, S. (2006) Social Work Education in Suicide Intervention and Prevention: an Unmet Need? Suicide and Life-Threatening Behavior, 36, 467-480.

藤澤大介、鈴木友理子、加藤隆弘他（2011）「初期臨床研修医における、患者の自殺行動への対処スキル」『精神神経学雑誌』特別, S-217.

Gask, L., Dixon, C., Morriss, R. et al. (2006) Evaluating STROM skills training for managing people at risk of suicide. Journal of Advanced Nursing, 54, 739-750.

今井博泰（2007）「江別市内の精神保健福祉関連職種を対象とした研修会開催の報告」『北方圏生活福祉研究年報』31, 61-66, 2007.

稲村茂（2007）「うつ病に焦点を当てた自殺予防のためのロールプレイ——グループという枠組みから」『集団精神療法』23, 34-38.

Isaac, M., Elias, B., Katz, L.Y. et al. (2009) Gatekeeper training as a preventative intervention for suicide : a systematic review. Canadian Journal of Psychiatry, 54, 260-268.

Johnson, L.A, & Parsons, M.E. (2012) Adolescent suicide prevention in a school setting : use of a gatekeeper program. NASN School Nurse, 27, 312-7.

加賀安子、今野和恵、上野峰он（2011）「鶴岡市自殺予防対策　ゲートキーパー研修の報告　庁内各部門との連携をめざして」『山形県公衆衛生学会講演集』37回, 71-72.

Kato, T. Suzuki, Y., Sato, R., et al. (2010) Development of 2-hour suicide intervention program among medical residents : First pilot trial. Psychiatry and Clinical Neurosciences, 64, 531-540.

小嶋秀幹（2009）「民生委員・児童委員に対するこころの相談員研修のとりくみ（特集　生きる力——自殺を防ぐには）」『月刊福祉』92, 31-34.

小島勝、千葉由紀子、杉橋桃子他（2011）「相談・支援者のための『自殺予防ゲートキーパー』研修の取り組み」『北海道立精神保健福祉センター年』43, 55-58.

小高真美（2012）「ソーシャルワーカーの自殺に対する態度と自殺予防」『ソーシャルワーク研究』38, 17-24.

Kodaka M., Inagaki, M., Poštuvan V. et al. (2012) Exploration of factors associated with social worker attitudes toward suicide. International Journal of Psychiatry, Advance online publication.

Kodaka M., Poštuvan V., Inagaki M. et al. (2011) A systematic review of scales that measure attitudes toward suicide. International Journal of Social Psychiatry, 57, 338-361.

国立がん研究センターがん対策情報センター（2011）「人口動態統計によるがん死亡データ（1958年～2011年）」http://ganjoho.ncc.go.jp/professional/statistics/statistics.html.

本橋豊（2009）「秋田県における総合的な自殺予防対策の推進」『月刊福祉』92, 25-30.

宮川治美、兒玉幸子、田島美幸他（2010）「地域医療機関での自殺予防対策『こころのケアナース養成研修会』」『精神科』17, 660-668.

Myers, D.G. (1993) Social Psychology : Fourth Edition. USA, McGraw-Hill.

内閣府 (2012)「平成24年版　自殺対策白書」
http://www8.cao.go.jp/jisatsutaisaku/whitepaper/w-2011/html/honpen/part1/s1_1_03.html.

Neimeyer, R. A., Fortner, B, & Melby, D. (2001) Personal and professional factors and suicide intervention skills. Suicide and Life-Threatening Behavior, 31, 71-82.

Renberg, E.S. & Jacobsson, L. (2003) Development of a questionnaire on attitudes towards suicide (ATTS) and its application in a Swedish population. Suicide and Life-Threatening Behavior, 33, 52-64.

Robinson, J., Cox, G., Malone, A, et al. (2012) Systematic review of school-based interventions aimed at preventing, treating, and responding to suicide-related behavior in young people. Crisis, Advance online publication.

Rogers, P.L., Sudak, H.S., Silverman, M.M. et al. (2007) Evidence-based practices project for suicide prevention. Suicide and Life-Threatening Behavior, 37, 154-164.

Salas, E. & Cannon-Bowers, J. A. (2001) Annual Review of Psychology, 52, 471-499.

Samuelsson, M., Sunbring, Y., Winell, I. et al. (1997) Nurses' attitudes to attempted suicide patients. Scandinavian Journal of Caring Sciences, 11, 232-237.

Smith, A.R., Silva, C., Covington, D.W. et al. (2013) An assessment of suicide-related knowledge and skills among health professionals. Health Psychology, Advance online publication.

鈴木友理子、加藤隆弘、佐藤玲子他（2009）「臨床研修医を対象とした、自殺対応スキルおよび偏見除去に関する研修法の効果に関するパイロット研究」『精神神経学雑誌』特別, S-310.

トーガーソン, D・J & トーガーソン, C・J（原田隆之、大島巌、津富宏、上別府圭子監訳）（2010）『ランダム化比較試験（RCT）の設計──ヒューマンサービス、社会科学領域における活用のために』日本評論社.

Tompkins, T.L., Witt, J. & Abraibesh, N. (2010) Does a gatekeeper suicide prevention program work in a school setting? Evaluating training outcome and moderators of effectiveness. Suicide and Life-Threatening Behavior. 40, 506-15.

Tsai, W.P., Lin, L.Y., Chang, H.C. et al. (2011) The effects of the Gatekeeper Suicide-Awareness Program for nursing personnel. Perspectives in Psychiatric Care. 47, 117-25.

Valente, S. & Saunders, J.M. (2004) Barriers to suicide risk management in clinical practice : a national survey of oncology nurses. Issues in Mental Health Nursing, 25, 629-648.

Wyman, P.A., Brown, C.H., Inman, J. et al. (2008) Randomized trial of a gatekeeper program for suicide prevention : 1-year impact on secondary school staff. Journal of Consulting and Clinical Psychology, 76, 104-115.

Appendix 自殺危機ゲートキーパー自己効力感尺度

　以下の文章について、あなたはどれくらい自信がありますか。「0」（全く自信がない）から「10」（絶対に自信がある）のうち、あてはまる数字に1つ○をつけてください。設問3～10は、あなたが自殺を考えている人と関わることを想定して答えてください。

1. どのような人が自殺をする確率が高いかを知っている
　　　全く自信がない　　　　　　　　　　　　　　　絶対に自信がある
　　　　　　0　1　2　3　4　5　6　7　8　9　10
2. 自殺を考えている人がどのような様子や行動を示すかを知っている
　　　全く自信がない　　　　　　　　　　　　　　　絶対に自信がある
　　　　　　0　1　2　3　4　5　6　7　8　9　10
3. 自殺の危機にある人が自分とは考え方の異なる人であっても、その人の話に耳を傾ける
　　　全く自信がない　　　　　　　　　　　　　　　絶対に自信がある
　　　　　　0　1　2　3　4　5　6　7　8　9　10
4. 自殺を考えている人の置かれている状況を把握する
　　　全く自信がない　　　　　　　　　　　　　　　絶対に自信がある
　　　　　　0　1　2　3　4　5　6　7　8　9　10
5. 自殺を考えている人の生きるのぞみを、その人と一緒に見いだす
　　　全く自信がない　　　　　　　　　　　　　　　絶対に自信がある
　　　　　　0　1　2　3　4　5　6　7　8　9　10
6. 自殺を考えている人を、適切な援助が受けられる人や場所につなげる
　　　全く自信がない　　　　　　　　　　　　　　　絶対に自信がある
　　　　　　0　1　2　3　4　5　6　7　8　9　10
7. 軽いうつ状態にある人と、自殺を考えている人との違いを見きわめる
　　　全く自信がない　　　　　　　　　　　　　　　絶対に自信がある
　　　　　　0　1　2　3　4　5　6　7　8　9　10
8. どの程度自殺の危険が高いかを、その人と1度話しただけで判断する
　　　全く自信がない　　　　　　　　　　　　　　　絶対に自信がある
　　　　　　0　1　2　3　4　5　6　7　8　9　10
9. 自分の知識や技術を活用して、自殺を考えている人の相談にのる
　　　全く自信がない　　　　　　　　　　　　　　　絶対に自信がある
　　　　　　0　1　2　3　4　5　6　7　8　9　10
10. 「自殺を考えている」と打ち明けられたとき、まずどのように対応したらよいか知っている
　　　全く自信がない　　　　　　　　　　　　　　　絶対に自信がある
　　　　　　0　1　2　3　4　5　6　7　8　9　10

※本尺度の無断転載・複製を禁ず。

おわりに

　本書の仕上げ段階に入り、2012年の自殺者数が3万人を切ったことが明らかになりました。全国でさまざまな自殺予防の取り組みが行われてきた成果が現れ、1998年から14年間続いていた「自殺者数3万人以上」の状態から何とか脱却できたのかもしれません。それでも、日本の自殺死亡率が先進国の中で極めて高いことに変わりはなく、1997年までの自殺者数が2万5,000人程度であったことと比較しても、自殺者の数はまだ高い水準にあります。今後もさらに自殺予防の取り組みが進められることが望まれるでしょう。

　本書の執筆にいたるまでには、多くの方のお力添えをいただきました。自殺危機初期介入スキル研究会の設立当初から共に歩んでくれ、本書にも文章を寄せてくれた岡田澄恵さんと小高真美さんの貢献は測り知れません。ワークショップづくりでは、山田素朋子さん、平野みぎわさん、島津屋賢子さんに特にご尽力をいただきました。さらに、古賀知子さん、佐藤まなみさん、川口真知さん、野村紀美子さん、村山賢一さん、小原眞知子さん、喜代永文子さん、毛塚和英さん、向井勉さんは、本ワークショップを提供していく上で欠かせない役割を果たし続けてくれています。

　研究会の開催は白井幸子ルーテル学院大学名誉教授、河西千秋横浜市立大学保健管理センター教授（現、札幌医科大学教授）などのお力添えがあったからできました。そして、学内研究奨励金を提供してくれ、また、本活動を支えてくれているルーテル学院大学、事務的な手続きなどを手伝ってくれているルーテル学院大学コミュニティ人材養成センターに謝意を表します。

　ワークショップを提供しはじめた当初から、私たちの取り組みの意義を理解し、普及に努めてくれたのは、各自治体や機関の自殺対策担当の方々です。特に、岡崎直人さん、山縣紀子さん、中宮久美子さん、福村和美さん、山下眞史さん、高品扶美子さん、杉木由美子さん、増田さゆりさん、渡辺圭子さん、前田幸子さん、松浦仁美さんなどからは、内容についても貴重なフィードバックをいただき、ワークショップの改善に役立たせていただきました。

その後も、各地の自治体で新たに担当をしてくださる方のご理解のおかげで、本ワークショップは全国的に普及しつつあります。ここにすべての方のお名前をあげることができないのが申し訳ないくらいです。

　開催実績のある都道府県は、北海道、宮城県、福島県、群馬県、埼玉県、千葉県、東京都、神奈川県、新潟県、富山県、石川県、愛知県、三重県、大阪府、兵庫県、奈良県、和歌山県、広島県、山口県、徳島県、愛媛県、高知県、長崎県、熊本県と、都道府県の半数以上にのぼりました。また、ルーテル学院大学で誰にでも参加可能な形で開催しているワークショップには、上記以外のほとんどの県から参加をいただいています。

　都道府県レベルでは、群馬県、新潟県、石川県、大阪府、山口県が群をぬいて数多く開催されています。これらの府県では、地域のキーパーソンとなる方（保健師、精神保健福祉相談員等）がかなりの割合で私たちのワークショップを受講するにいたっています。また、和歌山県海南保健所管轄の地域、東大阪市、いわき市、周南市における開催回数は極めて多く、やはり、地域のキーパーソンとなる方がかなりの割合で受講してくれています。人口規模が小さいところでは、人口8千人強（湯沢町）の町、約2万人（光市）あるいは約4万人（田村市）においても、複数回の開催がなされました。

　特徴のある取り組みとしては、新潟県では薬剤師会が、さいたま市では教育委員会が、組織をあげて本ワークショップの実施推進に取り組んでくれています。このことは、精神保健福祉医療の対人援助職に限らず、他の専門職（薬剤師、学校の教員）にも、高い知識と技術を持ったゲートキーパー養成がすすめられてきていることを意味します。また、石川県では医療ソーシャルワーカー協会が、富山県では精神保健福祉士協会が専門職団体として実施に取り組んでくれています。神戸市では、自殺予防のゲートキーパー養成専門のNPO法人"ゲートキーパー支援センター"が設立され、私たちのワークショップを上級研修に位置づけ、普及してくれています。

　ゲートキーパー養成の取り組みは、私たちの取り組みに限らずさまざまに行われています。「死にたい」と思っている人を「死なないでもいいのだ、生きてみよう」と思ってもらうための支援は、対人援助の中でも難しい支援の一つです。そのようなことができる人（ゲートキーパー）を養成するには、内容の濃い研修がある程度の時間提供されることが必須条件と思われます。

今後、さらに多くの地域で、2時間程度の講義形式ではない、実践的なワークショップの開催がなされ、自殺予防のゲートキーパーの養成がすすめられることを願っています。

　2013年5月

福島喜代子

著者紹介

福島喜代子 (ふくしま・きよこ)

ルーテル学院大学総合人間学部教授。
神戸育ち。大阪大学（学士）、カリフォルニア大学ロサンゼルス校（UCLA）大学院（社会福祉学修士）、日本社会事業大学大学院博士後期課程修了（社会福祉学博士）。社会福祉士。大学学部卒業後、社会福祉の中央団体に勤務し、留学。帰国後、ルーテル学院大学勤務をして現在にいたっている。専門は精神保健福祉、ソーシャルワーク、グループワーク、対人援助のトレーニング。

〈主要著書・論文〉
「自殺対応とソーシャルワーク――つなげる実践と専門性」『ソーシャルワーク研究』38-3, 156-168.（単著、2012年）
「社協マンのための『総合的な相談援助』講座～深みと広がりのある相談援助のコツ」『NORMA社協情報』227-232号連載（単著、2009年）
『新・社会福祉士養成講座6　相談援助の基盤と専門職』（編著、中央法規出版、2010年）
『ソーシャルワーク実践スキルの実証的研究』（単著、筒井書房、2005年）
『ソーシャルワークにおけるSSTの方法』（単著、相川書房、2004年）他多数。

岡田澄恵 (おかだ・すみえ)　【第7章執筆】

昭和女子大学・武蔵野大学・日本社会事業大学・上智社会福祉専門学校の非常勤講師。自殺危機初期介入スキル研究会認定講師、SST普及協会認定講師。1970年～2008年、神奈川県福祉職として児童相談所・障害者更生相談所・福祉事務所・精神保健センター・婦人相談所・身体障害者療護施設・県立病院等に勤務。ルーテル学院大学大学院修了（社会福祉学修士）。

小高真美 (こだか・まなみ)　【第8章執筆】

独立行政法人国立精神・神経医療研究センター精神保健研究所自殺予防総合対策センターの研究員。自殺危機初期介入スキル研究会認定講師。2004年まで愛知みずほ大学人間学部人間学科人間福祉コース専任講師。その後、現在に至るまで独立行政法人国立精神・神経医療研究センター精神保健研究所に勤務。コロンビア大学大学院博士前期課程修了（理学修士）。ルーテル学院大学大学院博士後期課程修了（社会福祉学博士）。

自殺危機にある人への初期介入の実際
――自殺予防の「ゲートキーパー」のスキルと養成

2013年6月7日　初版第1刷発行
2022年2月25日　初版第3刷発行

著　者　福島　喜代子
発行者　大　江　道　雅
発行所　株式会社　明石書店
〒101-0021　東京都千代田区外神田6-9-5
電　話　03（5818）1171
ＦＡＸ　03（5818）1174
振　替　00100-7-24505
https://www.akashi.co.jp/

装　幀　明石書店デザイン室
印刷所　モリモト印刷株式会社
製本所　モリモト印刷株式会社

（定価はカバーに表示してあります）

ISBN 978-4-7503-3827-9

JCOPY 〈出版者著作権管理機構　委託出版物〉
本書の無断複製は著作権法上での例外を除き禁じられています。複製される場合は、
そのつど事前に、出版者著作権管理機構（電話 03-5244-5088、FAX 03-5244-5089、
e-mail: info@jcopy.or.jp）の許諾を得てください。

自殺予防マニュアル【第3版】
地域医療を担う医師へのうつ状態・うつ病の早期発見と早期治療のために
日本医師会編集　西島英利監修
◎1000円

自殺で遺された人たち〈サバイバー〉のサポートガイド
苦しみを分かち合う癒やしの方法
アン・スモーリン、ジョン・ガイナン著　高橋祥友監修　柳沢圭子訳
◎2400円

世界自殺統計
研究・臨床・施策の国際比較
マシュー・K・ノック、ギリェルメ・ボルヘス編　大野裕編・解説　坂本律訳
◎16000円

エビデンスに基づく学校メンタルヘルスの実践
自殺・学級崩壊・いじめ・不登校の防止と解消に向けて
長尾圭造編著　三重県医師会学校メンタルヘルス分科会編
◎2500円

ラター 児童青年精神医学【原書第6版】
アニタ・タパー、ダニエル・パインほか編　長尾圭造、氏家武、小野善郎、吉田敬子監訳
◎42000円

ダイレクト・ソーシャルワーク ハンドブック
対人支援の理論と技術
ディーン・H・ヘプワース、ロナルド・H・ルーニーほか著　武田信子監修　北島英治、澁谷昌史、平野直己ほか監訳
◎25000円

新版 ソーシャルワーク実践事例集
社会福祉士をめざす人・相談援助に携わる人のために
渋谷哲、山下浩紀編
◎2800円

メンタルヘルス不調のある親への育児支援
保健福祉専門職の支援技術と当事者・家族の語りに学ぶ
蔭山正子著
◎2500円

すき間の子ども、すき間の支援
一人ひとりの「語り」と経験の可視化
村上靖彦編著
◎2400円

子どものうつ病 その診断・治療・予防
長尾圭造著
◎3000円

子どもアドボカシーと当事者参画のモヤモヤとこれから
子どもの「声」を大切にする社会ってどんなこと？
栄留里美、長瀬正子、永野咲著
◎2200円

子どもの精神科入院治療
子どもを養育するすべての人へ
金井剛、中西大介著
◎2400円

児童福祉司研修テキスト
児童相談所職員向け
金子恵美編集代表　佐竹要平、安部計彦、藤岡孝志、増沢高、宮島清編
◎2500円

要保護児童対策調整機関専門職研修テキスト
基礎自治体職員向け
金子恵美編集代表　佐竹要平、安部計彦、藤岡孝志、増沢高、宮島清編
◎2500円

図表でみる世界の社会問題4
OECD社会政策指標 貧困・不平等・社会的排除の国際比較
OECD編　高木郁朗監訳　麻生裕子訳
◎3000円

OECD幸福度白書3
より良い暮らし指標：生活向上と社会進歩の国際比較
OECD編著　西村美由起訳
◎5500円

〈価格は本体価格です〉